GALIMY

PRESS
RECEPTŲ KNYGA

100 BŪDŲ, KAD PASIGAMINTI PATS BURRITOS, ENCHILADOS, TAKOS IR DAUGIAU TORTILIJŲ!

Gustė Stasiūnaitė

Atsisakymas

Šioje el. knygoje pateikta informacija turi būti visapusiškas strategijų, apie kurias šios el. knygos autorius atliko tyrimą, rinkinys. Santraukas, strategijas, patarimus ir gudrybes rekomenduoja tik autorius, o šios el. knygos skaitymas negarantuoja, kad rezultatai tiksliai atspindės autoriaus rezultatus. Elektroninės knygos autorius dėjo visas pagrįstas pastangas, kad elektroninės knygos skaitytojams pateiktų naujausią ir tikslią informaciją. Autorius ir jo partneriai neprisiima atsakomybės už bet kokias netyčines klaidas ar praleidimus. El. knygos medžiagoje gali būti informacijos iš trečiųjų šalių. Trečiųjų šalių medžiagą sudaro jų savininkų nuomonė. Todėl el. knygos autorius neprisiima atsakomybės už bet kokią trečiųjų šalių medžiagą ar nuomones.

TURINYS

ĮVADAS

Daugelis iš mūsų tortilijas laiko savaime suprantamu dalyku. Juos palyginti pigiai galima nusipirkti ir palyginti gerus. Naudojame juos taip pat, kaip juos išradę mezoamerikiečiai: kaip duoną. Tiesą sakant, tortilijų pardavimas yra antras po pjaustytos duonos Jungtinėse Amerikos Valstijose.

Tai kam juos daryti? Kodėl verta pirkti specialią įrangą, pvz., elektrinius arba rankinius presus, kočėlius, groteles ar kočėlius, kad nuo nulio pagamintumėte tai, ką taip lengvai galima įsigyti prekybos centruose, savitarnos parduotuvėse ir specializuotose bakalėjos parduotuvėse? Dėl tos pačios priežasties kepame duoną, sausainius ir vyniotinius. Nes ką tik ištraukta iš orkaitės arba karšta nuo grotelių, iškepta tešla vilioja, džiugina ir suteikia komforto kaip niekas kitas.

Šviežiai pagaminta kasdienė duona, įskaitant tortilijas, yra ypatinga, nes daugumai iš mūsų tai yra ne kas kita, o kasdienė patirtis. Nors tortilijų gamyba reikalauja praktikos, tortilijų gaminimas yra greitesnis ir lengvesnis nei mielinės duonos gaminimas, kai tešlą reikia maišyti ir minkyti, leisti vieną ar du kartus pakilti, formuoti ir kepti.

Kalbant apie namines tortilijas, grožis slypi skonyje ir aromate. Nepamirškite simetrijos. Padarykite kuo plonesnes tortilijas, tačiau sutikite, kad idealiai apvalios tortilijos lygiais kraštais yra mašinų gaminiai. Praktika padarys jūsų tortilijas apvalesnes ir vienodesnes, ypač miltines tortilijas. Tikriausiai jie niekada nebus tobuli, išskyrus skonį ir autentiškumą.

Kaip ir su šviežia mieline duona ar bet kokia greitai paruošiama duona, šviežių tortilijų aromatas vilioja. Švelniai traškios išorėje ir minkštos viduje, šviežios tortilijos yra ypatingas skanėstas. Net paprastos, bet tikrai su tirpstančiu sviestu, sūriu ar šilkine keptomis pupelėmis, naminės tortilijos yra tikra dovana iš ypatingo virėjo, išmanančio jas gaminti.

Pasipuoškite savo išskirtinumu ir tapkite tortilijos talentu.

Yra dar viena priežastis gaminti tortilijas namuose: ingredientų kontrolė. Jūsų naminės tortilijos neturės konservantų ar kitų cheminių priedų, užtikrinančių lentynos stabilumą, nes jūsų tortilijos neišsilaikys pakankamai ilgai, kad prireiktų konservantų. Kad ir kaip būtų skanios, jūsų tortilijos greičiausiai bus nuskartos, kai tik nulips nuo keptuvės.

PAGRINDINĖS TORTILĖS

1. Kukurūzų tortilijos

Padaro 12 tortilijų

INGRIDIENTAI

2 puodeliai (240 g) masa harina, baltos arba geltonos spalvos

2-3 šaukštai (16-24 g) universalių, nebalintų arba (18-27 g) miltų be glitimo (nebūtina)

1/2 arbatinio šaukštelio druskos

11/4-11/3 puodelių (285-315 ml) šilto vandens (jei reikia daugiau) arba kvapiojo skysčio

KRYPTYS

1 Vidutiniame dubenyje suplakite arba sumaišykite masę ir miltus, jei naudojate, ir druską.

2 Palaipsniui įpilkite vandens ir mediniu šaukštu arba mentele bei rankomis maišykite, kol ingredientai gerai susimaišys. Minkykite 20-30 sekundžių, kol tešla taps elastinga. Tešla turi būti pakankamai drėgna, kad laikytųsi kartu. Jei reikia, įpilkite daugiau šilto vandens, po 1 valgomąjį šaukštą (15 ml).

3 Padalinkite tešlą į 12 golfo kamuoliuko dydžio rutuliukų, formuodami rankomis. Kiekvieną tešlos rutulį sudėkite į dubenį ir uždenkite drėgnu rankšluosčiu, kad išliktų drėgna.

4 Paspauskite arba susukite kiekvieną tešlos rutuliuką rankiniu tortilijos presu arba kočėlu ir kepkite ant 2 karštų kopūstų arba keptuvėje. Arba paspauskite ir paskrudinkite elektriniu tortilijų presu/skrudintuvu.

2. Naminis nixtamal

Padaro 2 svarus (910 g) nixtamal arba masa, apie 16 tortilijų

INGRIDIENTAI

2 puodeliai (448 g) džiovintų įdubusių kukurūzų (žr. šoninę juostą), nuplauti ir nusausinti

2 šaukštai (12 g) kalcio hidroksido, dar žinomo kaip „cal" (gesintos arba marinuotos kalkės)

6 puodeliai (1,4 l) drungno vandens

1 arbatinis šaukštelis druskos

KRYPTYS

1 Dideliame puode ant silpnos ugnies sumaišykite kukurūzus, kalciną ir vandenį. Užvirinkite maždaug 30-45 minutes. Vanduo turi šildyti lėtai. Kai tik vanduo užvirs, išjunkite ugnį ir palikite per naktį, 18-24 valandas, kambario temperatūroje.

2 Išmirkytus kukurūzus nusausinkite dideliame kiaurasamtyje. Gerai nuplaukite šaltu vandeniu.

3 Į gilų dubenį arba didelę keptuvę įpilkite šalto vandens. Suberkite išmirkytus kukurūzus. Rankomis įtrinkite kukurūzus į vandenį ir nuimkite lukštus. Nupilkite vandenį, kad pašalintumėte plūduriuojančius korpusus. Įpilkite vandens, kad apsemtų kukurūzus, įtrinkite kukurūzus ir nupilkite vandenį. Pakartokite 7-10 kartų, kad nulukštentumėte kukurūzus. Kai vanduo teka skaidrus arba beveik skaidrus, misija įvykdyta. Paskutinį kartą

nenusausinkite. Šiuo metu jūs turite posole. Posole naudojamas meksikietiškuose troškiniuose.

4 Masai: išlukštentus kukurūzus sutrinkite iki vientisos, smulkios tekstūros tešlos (nixtamal), naudodami rankinį arba elektrinį smulkintuvą, metate arba virtuvinį kombainą.

5 Norėdami paruošti masą virtuviniu kombainu, naudokite kiaurasamtį, kad nusausintumėte pusę skysčio pertekliaus ir įdėkite pusę išmirkytų kukurūzų į darbo dubenį su ašmenimis. Pulsuokite 10-15 kartų. Suberkite likusius kukurūzus ir pulkite 10-15 kartų. Įpilkite 1-2 šaukštus (15-28 ml) vandens iš kukurūzų. Pulsuokite dar 8-10 kartų. Jei reikia, tarp pulsavimo nubraukite dubenį. Įpilkite dar 1-2 šaukštus (15-28 ml) vandens ir druskos. Pulsuokite, kol pradės formuotis tešla.

6 Išverskite ant lentos, keletą kartų minkykite ir suformuokite rutulį. Apvyniokite plastiku ir palikite sustingti 30 minučių. Supjaustykite į 11/2 uncijos (42 g) gabaliukus ir suformuokite 16 rutuliukų.

7 Kiekvieną tešlos rutulį suspauskite tortilijų spaudikliu.

8 Kepkite ant karštos kojos arba keptuvėje.

9 Arba paspauskite ir paskrudinkite elektriniu tortilijų presu/skrudintuvu.

10 Laikykite šiltai, kol sunaudosite visą tešlą.

3. Mėlynųjų kukurūzų tortilijos

Padaro 12 tortilijų

INGRIDIENTAI

2 puodeliai (240 g) mėlynųjų kukurūzų masa harina

2-3 šaukštai (16-24 g) universalių, nebalintų arba (18-27 g) miltų be glitimo (nebūtina)

1/2 arbatinio šaukštelio druskos

11/4-11/3 puodelių (285-315 ml) šilto vandens (daugiau, jei reikia)

KRYPTYS

1 Vidutiniame dubenyje suplakite arba sumaišykite masę ir miltus, jei naudojate, ir druską.

2 Įpilkite vandens. Maišykite mediniu šaukštu arba mentele ir rankomis, kol visi ingredientai gerai susimaišys. Minkykite 20-30 sekundžių, kol tešla taps elastinga. Tešla turi būti pakankamai drėgna, kad laikytųsi kartu. Jei reikia, įpilkite šilto vandens, po 1 valgomąjį šaukštą (15 ml).

3 Padalinkite tešlą į 12 golfo kamuoliuko dydžio rutuliukų, formuodami rankomis. Kiekvieną tešlos rutulį sudėkite į dubenį ir uždenkite drėgnu rankšluosčiu, kad išliktų drėgna.

4 Paspauskite arba susukite kiekvieną tešlos rutulį rankiniu tortilijos presu arba kočėlu ir kepkite ant karštos košės arba

keptuvės. Arba paspauskite ir paskrudinkite elektriniu tortilijų presu/skrudintuvu.

5 Laikykite šiltai, kol sunaudosite visą tešlą.

4. Kepti kukurūzų miltų paplotėliai

Padaro 4 porcijas

INGRIDIENTAI

2 puodeliai (240 g) geltonų, baltų arba mėlynų kukurūzų miltų

1 arbatinis šaukštelis druskos

1 puodelis (235 ml) verdančio vandens

Aliejus kepimui

KRYPTYS

1 Dideliame dubenyje sumaišykite kukurūzų miltus ir druską. Palaipsniui įmaišykite į verdantį vandenį. Tešla turi būti pakankamai drėgna, kad išlaikytų formą, bet ne per minkšta. Leiskite tešlai pakankamai atvėsti, kad galėtumėte apdoroti, maždaug 5 minutes.

2 Padalinkite tešlą į 12 golfo kamuoliuko dydžio rutuliukų, formuodami ją rankomis.

3 Rankomis kiekvieną tešlos rutulį išlyginkite į 1/2 colio (13 mm) storio paplotėlį. Kol aliejus šyla, paplotėlius uždenkite drėgnu rankšluosčiu.

4 Įkaitinkite 1/2 colio (13 mm) aliejaus elektrinėje keptuvėje iki 375 °F (190 °C) arba naudokite sunkią keptuvę ant vidutinės-stiprios ugnies ir saldainių / kepimo termometrą.

5 Naudodami plyštą mentele, atsargiai įdėkite 2–3 kukurūzų miltų paplotėlius į karštą aliejų. Kepkite iš vienos pusės iki

auksinės spalvos, 3-5 minutes. Apverskite ir kepkite, kol abi pusės taps auksinės spalvos, dar 3 minutes.

6 Nusausinkite ant popierinių rankšluosčių. Laikyti šiltai. Kartokite, kol visi pyragaičiai iškeps.

7 Kai būsite pasiruošę patiekti, sunkioje keptuvėje įkaitinkite 13 mm (1/2 colio) aliejaus ant vidutinės ir stiprios ugnies iki 190 °C (375 °F). Sudėkite pyragėlius plokščia puse žemyn į karštą aliejų ir lengvai apkepkite, kol jie taps traškūs ir auksiniai, maždaug po 1 minutę kiekvienai pusei. Išimkite iš aliejaus, nusausinkite ant popierinių rankšluosčių ir laikykite šiltai. Kartokite, kol visi pyragaičiai iškeps.

5. Gorditas ir sopes

Padaro 12 gorditų arba sopes

INGRIDIENTAI

2 puodeliai (240 g) masa harina

1 arbatinis šaukštelis druskos

1 arbatinis šaukštelis įprastų arba be glitimo kepimo miltelių (negalima naudoti kepimo miltelių)

11/2 (355 ml) puodelių vandens

1/2 puodelio (103 g) taukų arba daržovių riebalų arba 1/3 puodelio (80 ml) augalinio aliejaus arba (75 g) kieto kokosų aliejaus

Augalinis aliejus, kepimui

KRYPTYS

1 Įkaitinkite komodą arba kepsninę ant vidutinės ugnies iki 350 °F (180 °C) arba pagal gamintojo nurodymus, jei naudojate elektrinį presą / skrudintuvą.

2 Dideliame dubenyje sumaišykite masą, druską ir kepimo miltelius (jei naudojate gorditai), plakdami arba maišydami, kad gerai susimaišytų.

3 Nedideliame puode ant vidutinės ugnies sumaišykite vandenį ir taukus arba aliejų. Pakaitinkite, kad taukai ištirptų. Prieš sumaišydami su sausais ingredientais, atidėkite nuo ugnies, kad atvėstų iki drungno.

4 Į sausus ingredientus palaipsniui supilkite drungną skystį ir minkykite apie 3 minutes. Tešla turi būti Play-Doh konsistencijos, lanksti ir lygi, bet pakankamai elastinga, kad išlaikytų formą.

5 Padalinkite tešlą į 12 golfo kamuoliuko dydžio ratų.

UŽ GORDITĄ

1 Ranka arba spaudu iš rutuliukų suformuokite 13 mm (1/2 colio) storio, maždaug 4 colių (10 cm) skersmens paplotėlius arba gorditas. Uždenkite drėgnu rankšluosčiu, kad neišdžiūtų. (Žiūrėkite čia, jei norite sužinoti daugiau apie rankinio preso arba elektrinio preso / grotelių naudojimą. Nespauskite taip plonai, kaip tortilijų.)

2 Švelniai patepkite aliejumi įkaitintą komą arba kepsninę.

3 Skrudinkite gorditas ant vidutinės ugnies iš viso 10–12 minučių, jei reikia, apverskite, kad neperdegtų. Kepimo metu jie turėtų šiek tiek išsipūsti. „Gorditas" turėtų virti lėtai, kad vidus nebūtų per tešlinis. Išorėje turi būti šviesiai rudos dėmės.

4 Leiskite atvėsti apie 5 minutes, kad būtų lengviau tvarkyti. Patiekite paprastą arba padalintą peiliu (kaip pita ar anglišką bandelę).

SOPES

1 Pakartokite paskutinius 1–5 veiksmus.

2 Ranka arba elektriniu presu suformuokite rutuliukus į 12 (1/3 colio [8 mm] storio) paplotėlių arba kotelių. Uždenkite drėgnu rankšluosčiu, kad neišdžiūtų. (Žiūrėkite čia, jei norite sužinoti daugiau apie rankinio preso arba elektrinio preso / grotelių naudojimą.) Nespauskite taip plonai, kaip tortilijų. Virvelės turi būti maždaug 4 colių (10 cm) skersmens.

3 Lengvai patepkite aliejumi įkaitintą komą arba kepsninę.

4 Padėkite kiekvieną kepurę ant aliejumi pateptos įkaitintos komos arba keptuvės ir kepkite apie 1 minutę arba kol tešla pradės stingti. Neperkepkite, nes kitaip tešla išdžius ir sutrūks. Apverskite ir kepkite dar 20-30 sekundžių.

5 Mentele nuimkite iškepusias sopus nuo keptuvės. Uždenkite tortilijas sausu virtuviniu rankšluosčiu ir atvėsinkite 30-45 sekundes arba tol, kol atvės pakankamai, kad galėtumėte švelniai apdoroti. Greitai - kol jie per daug neatvės - pasukite kraštus aukštyn, kad susidarytų raityta plutelė, kuri išlaikytų įdarus. Uždenkite sausu rankšluosčiu ir pakartokite tol, kol visos keptuvės iškeps ir suformuos formą. Tai galima padaryti iki 3 ar 4 valandų į priekį.

6 Kai būsite pasiruošę patiekti, įkaitinkite 13 mm (1/2 colio) aliejaus sunkioje keptuvėje ant vidutinės-stiprios ugnies iki 190 °C (375 °F). Sudėkite sėlenas plokščia puse žemyn į karštą aliejų ir lengvai apkepkite, kol taps traškūs ir auksiniai, maždaug po 1 minutę kiekvienai pusei. Išimkite iš aliejaus, nusausinkite ant popierinių rankšluosčių ir laikykite šiltai. Kartokite tol, kol visos keptuvės iškeps.

6. Bazinių miltų tortilijos

Padaroma 12 (6 colių [15 cm]) tortilijų

INGRIDIENTAI

2 puodeliai (250 g) universalių baltų miltų, (240 g) nebalintų miltų arba (240 g) smulkiai sumaltų viso grūdo miltų (arba jų derinio)

1 arbatinis šaukštelis kepimo miltelių (nebūtina)

1 arbatinis šaukštelis druskos

1/2 puodelio (103 g) kieto taukų arba daržovių riebalų arba 1/3 puodelio (68 g) šviežių taukų, (80 ml) daržovių, kukurūzų arba alyvuogių (arba pageidaujamo) aliejaus arba (75 g) kieto kokosų aliejaus

1 puodelis (235 ml) karšto vandens (parodyta čia, kad gamintumėte aromatizuotas miltines tortilijas)

KRYPTYS

1 Dideliame dubenyje sumaišykite miltus, kepimo miltelius ir druską. Naudodami konditerijos pjaustytuvą arba virtuvinio kombaino darbinį dubenį su ašmenimis, supjaustykite lašinius, kol mišinys taps panašus į stambius trupinius. Jei mišinys atrodo per sausas, prireikus įpilkite papildomo patrumpinimo arba taukų.

2 Lėtai įpilkite karšto vandens, maišydami arba pulsuodami, kad suformuotumėte tešlos rutulį. Tešlą dubenyje lengvai minkykite 30 kartų arba pagal poreikį, kad susidarytų lanksti, nelipni tešla.

Arba išimkite tešlą iš virtuvinio kombaino darbinio dubens ir minkykite ant lengvai miltais pabarstytos lentos.

3 Išminkytą tešlą dėkite į dubenį arba ant konditerinės lentos. Uždenkite švariu virtuviniu rankšluosčiu ir palikite 1 valandą. Tai gera sustojimo vieta, jei vėliau norėsite patiekti šviežių tortilijų. Tešla gali stovėti 4-6 valandas, jei ji sandariai padengta plastikine plėvele ir rankšluosčiu, kad neišdžiūtų. Nešaldyti.

4 Nuimkite gabaliukus ir iš tešlos suformuokite 12 vienodo dydžio rutuliukų. Uždenkite švariu virtuviniu rankšluosčiu ir palikite dar 20-30 minučių.

5 Atėjus laikui baigti tortilijas, kiekvieną tešlos rutulį kočėlu iškočiokite iki labai plono (ne storesnio nei knygos kietas viršelis, jei galite ir plonesnis). Uždenkite dubenėlio šonus ir iškočiodami kiekvieną tortiliją laikykite uždengtą rankšluosčiu.

6 Kepkite ant karštos kojos arba keptuvėje. Arba paspauskite ir paskrudinkite elektriniu tortilijų presu/skrudintuvu.

7 Laikykite šiltai, kol sunaudosite visą tešlą.

7. Tortilijos be glitimo

Padaroma 12 (6 colių [15 cm]) tortilijų

INGRIDIENTAI

2 puodeliai (272 g) miltų be glitimo

1 arbatinis šaukštelis kepimo miltelių be glitimo (nebūtina)

1 arbatinis šaukštelis druskos

1/2 puodelio (103 g) taukų arba daržovių riebalų, arba 1/3 puodelio (68 g) šviežių kiaulinių taukų, (80 ml) daržovių, kukurūzų, alyvuogių (arba pageidaujamo) aliejaus arba (75 g) kieto kokosų aliejaus

1 puodelis (235 ml) karšto vandens

KRYPTYS

1 Dideliame dubenyje sumaišykite miltus, kepimo miltelius ir druską. Naudodami konditerijos pjaustytuvą arba virtuvinio kombaino darbinį dubenį su ašmenimis, supjaustykite lašinius, kol mišinys taps panašus į stambius trupinius. Jei mišinys atrodo per sausas, prireikus įpilkite papildomo patrumpinimo arba taukų.

2 Lėtai įpilkite karšto vandens, maišydami arba pulsuodami, kad suformuotumėte tešlos rutulį. Tešlą dubenyje lengvai minkykite 30 kartų arba pagal poreikį, kad susidarytų lanksti, nelipni tešla. Arba išimkite tešlą iš virtuvinio kombaino darbinio dubens ir minkykite ant lengvai miltais pabarstytos lentos.

3 Išminkytą tešlą dėkite į dubenį arba ant konditerinės lentos. Uždenkite švariu virtuviniu rankšluosčiu ir palikite 1 valandą. Tai

gera sustojimo vieta, jei vėliau norėsite patiekti šviežių tortilijų. Tešla gali stovėti 4-6 valandas, jei ji sandariai padengta plastikine plėvele ir rankšluosčiu, kad neišdžiūtų. Nešaldyti.

4 Nuimkite gabaliukus ir iš tešlos suformuokite 12 vienodo dydžio rutuliukų. Uždenkite švariu virtuviniu rankšluosčiu ir palikite dar 20–30 minučių.

5 Atėjus laikui baigti tortilijas, kiekvieną tešlos rutulį kočėlu iškočiokite iki labai plono (ne storesnio nei knygos kietas viršelis, jei galite ir plonesnis). Uždenkite dubenėlio šonus ir iškočiodami kiekvieną tortiliją laikykite uždengtą rankšluosčiu.

6 Kepkite ant karštos kojos arba keptuvėje. Arba paspauskite ir paskrudinkite elektriniu tortilijų presu/skrudintuvu.

7 Laikykite šiltai, kol sunaudosite visą tešlą.

SKATINĖS MILTŲ TORTILĖS

8. Saldžiųjų bulvių arba moliūgų miltų tortilijos

Padaroma 12 (6 colių [15 cm]) tortilijų

INGRIDIENTAI

2 puodeliai (250 g) universalių baltų miltų, (240 g) nebalintų miltų arba (240 g) smulkiai sumaltų viso grūdo miltų (arba jų derinio)

3 arbatiniai šaukšteliai (14 g) kepimo miltelių

1 arbatinis šaukštelis druskos

1/2 puodelio (103 g) taukų arba daržovių riebalų arba 1/3 puodelio (80 ml) daržovių, kukurūzų arba alyvuogių (arba pageidaujamo) aliejaus arba (75 g) kieto kokosų aliejaus

3/4 puodelio (246 g) trintų saldžiųjų bulvių (konservuotų arba šviežių) arba (184 g) moliūgų tyrės (konservuotų arba šviežių)

1/2 puodelio (120 ml) karšto vandens ir papildomai, jei reikia

KRYPTYS

1 Dideliame dubenyje sumaišykite miltus, kepimo miltelius ir druską.

2 Naudodami konditerijos trintuvą, šakutę ar du peilius, įmaišykite taukus arba trintuvus, kol miltai atrodys kaip rupūs trupiniai.

3 Pamažu supilkite saldžiąją bulvę arba moliūgą ir supilkite karštą vandenį, maišydami mediniu šaukštu, kad susidarytumėte tešlos rutulį.

4 Norėdami gaminti tešlą virtuviniu kombainu su peiliuku, sumaišykite sausus ingredientus darbiniame dubenyje. Įpilkite taukų, plakdami plakdami, kol mišinys taps panašus į rupius trupinius. Jei mišinys atrodo per sausas, prireikus įpilkite papildomo patrumpinimo arba taukų. Palaipsniui įpilkite saldžiųjų bulvių arba moliūgų ir vandens, pulsuodami suformuodami tešlos rutulį.

5 Suformavus tešlą, dubenyje 30 kartų arba tiek, kiek reikia, lengvai minkykite tešlą, kad susidarytų lanksti, nelipni tešla. Arba išimkite tešlą iš virtuvinio kombaino dubens ir minkykite ant lengvai miltais pabarstytos lentos, kaip nurodyta aukščiau. Jei tešla per lipni, prireikus įberkite dar miltų.

6 Išminkytą tešlą dėkite į dubenį arba ant konditerinės lentos. Uždenkite švariu virtuviniu rankšluosčiu ir palikite 1 val. Tai gera sustojimo vieta, jei vėliau norėsite patiekti šviežių tortilijų. Tešla gali stovėti iki 4-6 valandų, jei ji sandariai padengta plastikine plėvele ir rankšluosčiu, kad neišdžiūtų. Nešaldyti.

7 Suimkite gabaliukus ir iš tešlos suformuokite 12 vienodo dydžio rutuliukų. Uždenkite švariu virtuviniu rankšluosčiu ir palikite dar 20-30 minučių.

8 Atėjus laikui baigti tortilijas, kiekvieną tešlos rutulį kočėlu iškočiokite iki labai plono (ne storesnio nei knygos kietas viršelis, jei galite ir plonesnis). Uždenkite dubenėlio šonus ir iškočiodami kiekvieną tortiliją laikykite uždengtą rankšluosčiu.

9 Kepkite ant karštos keptuvės arba ant grotelių. Arba paspauskite ir paskrudinkite elektriniu tortilijų presu/skrudintuvu.

10 Laikykite šiltai, kol sunaudosite visą tešlą.

9. Juodųjų pupelių tortilijos

Padaroma 12 (6 colių [15 cm]) tortilijų

INGRIDIENTAI

1/3 puodelio (47 g) juodųjų pupelių miltų

1/2 puodelio (64 g) kukurūzų krakmolo

2 šaukštai (16 g) tapijokos miltų

1/2 arbatinio šaukštelio druskos

2 kiaušiniai, lengvai paplakti

11/2 puodelio (355 ml) vandens

Jei reikia, purškiamas augalinis aliejus

KRYPTYS

1 Vidutiniame dubenyje sumaišykite juodųjų pupelių miltus, kukurūzų krakmolą, tapijokos miltus ir druską.

2 Plaktuvu įmuškite kiaušinius ir vandenį, kol tešla taps be gumuliukų. Tešla bus tikrai plona. Atidėkite 25-30 minučių, kad sutirštėtų.

3 Įkaitinkite 6 arba 8 colių (15-20 cm) krepų keptuvę iki 190 °C (375 °F). Pageidautina keptuvę su nepridegančiu paviršiumi. Arba prieš kepdami tortiliją, keptuvės dugną ir šonus lengvai padenkite kepimo purškalu.

4 Kai keptuvė įkaitinama, į keptuvę supilkite 1/4 puodelio (60 ml) tešlos ir sukite, kad tešla tolygiai pasiskirstytų ir susidarytų

apvali, plona tortilija. Kepkite nuo 45 sekundžių iki 1 minutės arba tol, kol tešla sustings.

5 Mentele apverskite tortiliją tiek, kad iš kitos pusės keptumėte iki šviesiai rudos spalvos. Nuimkite ant vaško popieriaus lapo. Tęskite su likusia tešla, atskirdami kiekvieną tortiliją vaško popieriaus lapu. Laikykite šiltai, kol paruošite patiekti.

Siūlomas naudojimas: susukite kaip miltinius tortilijos „crepes", įpiltus kiaušinienės ir užpilto Naujosios Meksikos raudonojo čilės padažu.

10. Rudųjų ryžių tortilijos

Padaroma 12 (6 colių [15 cm]) tortilijų

INGRIDIENTAI

11/2 stiklinės (240 g) rudųjų ryžių miltų

1/2 stiklinės (60 g) tapijokos miltų

1/2 arbatinio šaukštelio druskos

1 puodelis (235 ml) verdančio vandens

Pasirinktas augalinis aliejus

KRYPTYS

1 Vidutiniame dubenyje sumaišykite rudųjų ryžių ir tapijokos miltus bei druską.

2 Mediniu šaukštu palaipsniui įmaišykite verdantį vandenį, kad susidarytų tešla. Dubenyje tešlą minkykite 20 kartų. Įpilkite vandens po 1 valgomąjį šaukštą (15 ml), jei tešla atrodo per sausa.

3 Uždenkite drėgnu rankšluosčiu ir palikite 10 minučių.

4 Nuimkite gabaliukus ir iš tešlos suformuokite 12 vienodo dydžio rutuliukų. Uždenkite drėgnu virtuviniu rankšluosčiu.

5. Naudodami kočėlą iškočiokite kiekvieną tešlos rutulį iki labai plono (ne storesnio nei knygos kietas viršelis, jei galite ir ploniau). Arba paspauskite rankiniu tortilijų presu. Uždenkite dubenėlio šonus ir laikykite uždengtą drėgnu rankšluosčiu, kol iškočiokite arba spauskite kiekvieną tortiliją.

6 Įkaitinkite puodą arba keptuvę ant vidutinės-stiprios ugnies. Kai keptuvė yra pakankamai karšta, kad keli vandens lašai „šoktų" ir iškart išgaruotų, karštą paviršių gausiai patepkite augaliniu aliejumi. Kepkite tortilijas 1–2 minutes iš kiekvienos pusės, kol atsiras šviesiai rudos dėmės. Pakartokite, jei reikia, įpilkite daugiau aliejaus, kol visos tortilijos iškeps.

7 Laikykite šiltai, kol sunaudosite visą tešlą.

8 Kai visos tortilijos iškeps, padėkite į tortilijų šildytuvą arba sudėkite tarp dviejų lėkščių. Leiskite stovėti ir garuoti apie 10 minučių, kad jie būtų minkšti ir lankstūs.

11. Mišrios grūdinės tortilijos

Padaro 12 tortilijų

INGRIDIENTAI

2/3 stiklinės (80 g) tapijokos miltų

2/3 stiklinės (107 g) ryžių miltų

1/3 stiklinės (45 g) sorgo miltų

1/3 stiklinės (40 g) grikių miltų

1/2 arbatinio šaukštelio kepimo miltelių be glitimo

3/4 arbatinio šaukštelio ksantano dervos

1 puodelis (235 ml) karšto vandens

1/3 puodelio (68 g) saldžiųjų ryžių miltų arba pagal poreikį

Pasirinktas augalinis aliejus

KRYPTYS

1 Dideliame dubenyje sumaišykite tapijokos, ryžių, sorgo ir grikių miltus, kepimo miltelius ir ksantano dervą.

2 Mediniu šaukštu palaipsniui įmaišykite karštą vandenį ir maišykite, kol susidarys tešla. Jei tešla per lipni, kad susidarytų rutuliukas, po šaukštą įberkite saldžių ryžių miltų (13 g), kad gautumėte minkštą, nelipnią tešlą, kuri išlaikytų formą.

3 Padalinkite tešlą į 12 vienodo dydžio dalių. Išvyniokite, kad suformuotumėte golfo kamuoliuko dydžio rutulius. Grįžkite į dubenį ir uždenkite drėgnu rankšluosčiu.

4 Kočiojimo paviršių ir tešlos rutulį lengvai pabarstykite ryžių miltais. Kiekvieną tešlos rutulį iškočiokite iki labai plono (ne storesnio nei knygos kietas viršelis, jei galite ir ploniau), naudodami kočėlą. Arba paspauskite rankiniu tortilijų presu.

5 Įkaitinkite puodą arba keptuvę ant vidutinės-stiprios ugnies. Kai keptuvė yra pakankamai karšta, kad keli vandens lašai „šoktų" ir iškart išgaruotų, karštą paviršių gausiai patepkite augaliniu aliejumi.

6 Kai aliejus įkaista, įdėkite vieną tortiliją. Perkelkite jį, kad dugnas būtų padengtas aliejumi; apverskite ir perkelkite, kad padengtumėte tą pusę.

7 Kepkite, kol tortilija pradės ruduoti, maždaug 2-3 minutes. Apverskite ir kepkite, kol kita pusė pradės ruduoti, dar 3-4 minutes. Įpilkite papildomo aliejaus, jei reikia, kad iškeptumėte likusias tortilijas.

8 Nusausinkite ant popierinių rankšluosčių ir laikykite šiltai, kol sunaudosite visą tešlą.

12. Soros ir quinoa tortilijos

Padaro 12 tortilijų

INGRIDIENTAI

1/2 stiklinės (60 g) sorų miltų

1/2 puodelio (56 g) quinoa miltų

1 puodelis (120 g) tapijokos miltų

1 arbatinis šaukštelis kepimo miltelių be glitimo

1 arbatinis šaukštelis ksantano dervos

1 arbatinis šaukštelis druskos

1 valgomasis šaukštas (20 g) medaus arba agavų sirupo

1/2 puodelio (120 g) šilto vandens

4 valgomieji šaukštai (103 g) riebalų arba lašinių

KRYPTYS

1 Elektrinio maišytuvo dubenyje arba bet kuriame vidutinio dydžio dubenyje sumaišykite sorų, kvinojos ir tapijokos miltus, kepimo miltelius, ksantano dervą ir druską. Naudokite elektrinį plaktuvą mažu greičiu arba plakite rankomis, kad sumaišykite sausus ingredientus.

2 Jei naudojate elektrinį plaktuvą, įpilkite medaus arba agavos, šilto vandens ir riebalų arba lašinių, maišykite, kol aplink plakiklius susidarys tešla. Dar vieną minutę maišykite tešlą vidutiniu greičiu. Arba, jei darote rankomis, mediniu šaukštu

įmaišykite šlapius ingredientus ir išmaišykite, kad susidarytų minkštas rutuliukas. Minkyti 10-20 kartų. Tešla bus šiek tiek lipni ir elastinga.

3 Tvirtai suvyniokite tešlą į plastikinę plėvelę ir šaldykite 30-45 minutes.

4 Atšaldę tešlą padalinkite į 12 lygių dalių ir iš kiekvienos suformuokite rutulį. Grįžkite į dubenį ir uždenkite drėgnu rankšluosčiu, kad neišdžiūtų.

5. Naudodami kočėlą iškočiokite kiekvieną tešlos rutulį iki labai plono (ne storesnio nei knygos kietas viršelis, jei galite ir ploniau). Arba paspauskite rankiniu tortilijų presu. Uždenkite dubenėlio šonus ir laikykite uždengtą drėgnu rankšluosčiu, kol iškočiokite arba spauskite kiekvieną tortiliją.

6 Įkaitinkite puodą arba keptuvę ant vidutinės-stiprios ugnies. Kai keptuvė yra pakankamai karšta, kad keli vandens lašai „šoktų" ir iškart išgaruotų, karštą paviršių gausiai patepkite augaliniu aliejumi. Kepkite tortilijas 1-2 minutes iš kiekvienos pusės. Pakartokite, jei reikia, įpilkite daugiau aliejaus, kol visos tortilijos iškeps.

7 Laikykite šiltai, kol sunaudosite visą tešlą.

8 Kai visos tortilijos iškeps, padėkite į tortilijų šildytuvą arba sudėkite tarp dviejų lėkščių. Leiskite stovėti ir garuoti apie 10 minučių, kad jie būtų minkšti ir lankstūs.

Siūlomas naudojimas: Enchiladas, užpildytas Carnitas su Real Deal Mole arba Easier Mole, miltų tortilija „Pica".

13. Vaiduoklių tortilijos

Padaro 12 tortilijų

INGRIDIENTAI

3/4 stiklinės (120 g) baltųjų ryžių miltų

1/2 stiklinės (60 g) tapijokos miltų

1/4 stiklinės (30 g) avinžirnių miltų

1/2 puodelio (96 g) bulvių krakmolo

1 arbatinis šaukštelis ksantano dervos

1 arbatinis šaukštelis druskos

1 arbatinis šaukštelis kepimo miltelių be glitimo

1/4 puodelio (51 g) taukų, riebalų arba (56 g) kieto kokosų aliejaus

1 puodelis (235 ml) karšto vandens

1 Dideliame dubenyje arba virtuvės kombaino dubenyje su ašmenimis sumaišykite ryžių, tapijokos ir avinžirnių miltus, bulvių krakmolą, ksantano dervą, druską ir kepimo miltelius.

2 Konditerijos pjaustytuvu arba virtuviniu kombainu supjaustykite kiaulinius taukus arba ankštinius, kol mišinys taps panašus į stambius trupinius. Jei mišinys atrodo per sausas, prireikus įpilkite papildomo patrumpinimo arba taukų.

3 Lėtai įpilkite 1/2 puodelio (120 ml) karšto vandens, maišydami arba pulsuodami, kad įsimaišytų. Palaipsniui supilkite likusį vandenį, kad susidarytų tešlos rutuliukas.

4 Lengvai minkykite tešlą dubenyje 20 kartų arba pagal poreikį, kad susidarytų lanksti, nelipni tešla. Arba išimkite tešlą iš virtuvinio kombaino darbinio dubens ir minkykite ant lentos, lengvai pabarstytos ryžių arba tapijokos miltais.

5 Nuimkite gabaliukus ir iš tešlos suformuokite 12 vienodo dydžio rutuliukų. Uždenkite drėgnu virtuviniu rankšluosčiu, kad neišdžiūtų.

6 Kiekvieną tešlos rutulį iškočiokite iki labai plono (ne storesnio nei knygos kietas viršelis, jei galite plonesnis), naudodami kočėlą. Uždenkite dubenėlio šonus ir iškočiodami kiekvieną tortiliją laikykite uždengtą rankšluosčiu. Kepkite ant karštos košelės arba keptuvės.

7 Arba paspauskite ir paskrudinkite elektriniu tortilijų presu/skrudintuvu.

8 Laikykite šiltai, kol sunaudosite visą tešlą.

14. Keto linų tortilijos

Padaro 5

Bendras laikas: 15 minučių

INGRIDIENTAI

1 puodelis auksinių linų sėmenų miltų
2 valgomieji šaukštai chia sėklų
2 arbatiniai šaukšteliai alyvuogių aliejaus
1/2 arbatinio šaukštelio kario miltelių
1 puodelis Filtruoto vandens
1 arbatinis šaukštelis kokosų miltų

KRYPTYS

a) Dideliame dubenyje gerai sumaišykite visus sausus ingredientus, išskyrus kokoso miltus ir pusę alyvuogių aliejaus.

b) Kruopščiai išmaišykite, kol susidarys vientisas rutuliukas.

c) Tešlą pabarstykite kokosų miltais ir kočėlu ištieskite tešlą.

d) Išpjaukite tortiliją plačiu apvaliu įrankiu.

e) Keptuvėje ant vidutinės ugnies įkaitinkite 1 arbatinį šaukštelį alyvuogių aliejaus. Kai aliejus įkaista, sudėkite tortiliją ir kepkite, kol pasieksite norimą rudą spalvą.

f) Tarnauti!

15. Daržovių ir quinoa tortilijos

Išeiga: 16 porcijų

INGRIDIENTAI:

1 puodelis Vandens

½ puodelio quinoa; gerai išskalauti ir išvirti

2 mažų askaloninių česnakų; malta

½ stiklinės smulkiai tarkuotų morkų

½ puodelio maltų raudonųjų pipirų

1 didelis kiaušinis

¾ puodelio greitai paruošiamų avižinių dribsnių

¾ puodelio pilno grūdo kvietinių konditerijos miltų

¾ puodelio nebalintų baltų miltų

⅓ puodelio tarkuoto parmezano sūrio

½ arbatinio šaukštelio druskos

½ arbatinio šaukštelio susmulkinto sauso raudonėlio

KRYPTYS:

a) Sumaišykite askaloninius česnakus, morkas, raudonuosius pipirus ir kiaušinius. Suberkite šiltą quinoa, avižinius dribsnius, miltus, sūrį, druską ir raudonėlį. Maišykite tik tol, kol tešla susimaišys.

b) Iš tešlos suformuokite cilindrą, pailsėkite.

c) Naudodami tortilijos presą arba kočėlą, kiekvieną dalį suformuokite į plonus 6 colių apskritimus. Kepkite 30 sekundžių iš pirmosios pusės.

d) Apverskite ir kepkite 1 minutę antroje pusėje, tada pasukite atgal į pirmąją pusę ir kepkite paskutines 30 sekundžių.

TORTILIJOS DESERTAI

16. Miltų tortilijų „makaronai" alfredo

Padaro 4 porcijas

INGRIDIENTAI

4 parduotuvėje pirktos miltinės tortilijos

2 puodeliai (475 ml) riebios grietinėlės

1 pakuotė (3 uncijos arba 85 g) grietinėlės sūrio, stambiai supjaustyto, arba 1/3 puodelio (80 g) maskarponės

6 uncijos (170 g) tarkuoto parmezano sūrio

1 arbatinis šaukštelis česnako miltelių

Neprivalomi įmaišymai: 1 puodelis (130 g) virtų šaldytų žirnelių, nuplautų ir nusausintų; 4 juostelės šoninės arba pancetta griežinėliai, traškiai apkepti ir sutrupinti

1 Tvirtai susukite 1 tortiliją. Aštriu peiliu ant pjaustymo lentos supjaustykite iškočiotą tortiliją skersai plonomis juostelėmis kaip fettucinas. Pakartokite su likusiais miltais tortilijomis.

2 Vidutiniame puode ant vidutinės ugnies virkite grietinėlę 3 minutes arba tik tol, kol burbuliukai sulaužys paviršių. Sumažinkite ugnį ir troškinkite 5 minutes arba tol, kol grietinėlė sutirštės ir sumažės iki maždaug 11/2 puodelio (355 ml).

3 Suplakite kreminį sūrį arba maskarponę, parmezano sūrį ir česnako miltelius. Išmaišykite ir virkite 3 minutes arba tik tol, kol kreminis sūris išsilydys ir gerai susimaišys. Jei padažas per tirštas, praskieskite trupučiu grietinėlės arba pieno.

4 Įmaišykite tortilijos „makaronus“, švelniai išmaišykite, kad tolygiai pasidengtų ir įkaitintų. Virkite apie 1 minutę. Jei norite, įmaišykite žaliuosius žirnelius. Ant viršaus uždėkite trupintą šoninę arba pancetą. Patiekite iš karto.

17. Miltų tortilijų „makaronai" con queso

Padaro 4 porcijas

INGRIDIENTAI

4 parduotuvėje pirktos miltinės tortilijos

2 puodeliai (500 g) pašildyto Queso

Pieno, pagal poreikį

Neprivalomi įmaišymai: 1 puodelis (225 g) naminio chorizo, sutrupintas, virtas ir nusausintas; 1 stiklinės (146 g) stambiai supjaustyto avokado; 1/2 puodelio (90 g) pjaustytų pomidorų, nuplautų ir nusausintų

1 Tvirtai susukite 1 tortiliją. Aštriu peiliu ant pjaustymo lentos supjaustykite iškočiotą tortiliją skersai plačiomis juostelėmis, pavyzdžiui, pappardelle ar kiaušinių makaronus. Pakartokite su likusiais miltais tortilijomis.

2 Vidutiniame puode ant silpnos ugnies sumaišykite įkaitintą Queso ir įmaišykite tortilijos „makaronus", švelniai maišydami, kad tolygiai pasidengtų ir įkaitintų. Jei padažas per tirštas, praskieskite pienu.

3 Virkite apie 1 minutę. Jei norite, įmaišykite naminio chorizo. Ant viršaus uždėkite avokadą ir pomidorus. Patiekite iš karto.

18. Miltinė tortilija "pica"

Padaroma 1 pica (nuo 1 iki 2 porcijų)

INGRIDIENTAI

Augalinis aliejus, pagal poreikį

1 miltinė tortilija (6 colių [15 cm] arba 10 colių [25 cm]) (turėtumėte įsitikinti, kad miltinė tortilija padengia tokio pat dydžio ketaus keptuvės dugną)

1/4-1/3 puodelio (61-81 g) pomidorų padažo, pavyzdžiui, picos padažo arba Naujosios Meksikos raudonojo čilės padažo

1 puodelis (115 g) tarkuoto sūrio, pavyzdžiui, mocarelos arba Monterey Jack

1/2 puodelio (35 g) virtos itališkos dešros, pepperoni, (35 g) troškintų grybų, (113 g) naminio chorizo, (100 g) maltos jautienos įdaro arba pageidaujamo užpilo

1/4 puodelio (10 g) stambiai pjaustytų šviežių baziliko, kalendros lapų arba (36 g) skrudintų žalių čili

1 Orkaitės lentyną pastatykite kuo arčiau broilerio. Iš anksto pašildykite broilerį.

2 Įkaitinkite ketaus keptuvę ant stiprios ugnies, kol ji beveik apskrus, ir įpilkite tiek aliejaus, kad dugnas lengvai pasidengtų. Kaitinkite tik tol, kol aliejus sumirks. Sumažinkite ugnį iki vidutinės ir gausiu popieriniu rankšluosčiu nuvalykite didžiąją dalį aliejaus, kad nesudegintumėte pirštų. Nekelkite keptuvės nuo ugnies.

3 Sudėkite miltų tortiliją mažais burbuliukais puse žemyn. Virkite 1-2 minutes arba tol, kol apačia apskrus ir paruduos, ir uždėkite ant viršaus. Nuimkite keptuvę nuo ugnies. Pastaba: Miltų tortilijos kiekvienoje pusėje atrodo skirtingai. Vienoje pusėje yra nedideli burbuliukai, pavyzdžiui, akmenukų tekstūros oda, o kita pusė atrodo lygesnė su didesniais burbuliukais, kurie atrodo kaip tvenkinio raibuliai. Apatinė pusė bus traški. Kita pusė išsipūs kaip įprasta picos tešla.

4 Naudodami šaukšto nugarėlę, tortilijos paviršių ištepkite plonu padažo sluoksniu, padažu paskleiskite iki pat krašto.

5 Pabarstykite sūriu tortilijos paviršių iki pat krašto.

6 Ant sūrio išdėliokite dešrą ar kitą norimą mėsos užpilą.

7 Padėkite po broileriu maždaug 3 minutėms arba kol sūris išsilydys.

8 Pabarstykite šviežiu baziliku, kalendra arba skrudintais žaliais čiliukais ir nedelsdami patiekite.

19. Miltinių tortilijų "kepti koldūnai"

Padaro 4 porcijas

INGRIDIENTAI

2 puodeliai (450 g) virtos maltos jautienos įdaro, gerai nusausinto arba susmulkintos jautienos krūtinėlės, susmulkintos troškintos kiaulienos arba aštrios vištienos

1 puodelis (115 g) susmulkinto Pepper Jack sūrio

12 parduotuvėje pirktų miltinių tortilijų (6 arba 7 colių [15 arba 18 cm]), pakaitintų, kad būtų lankstumas

Augalinis aliejus, skirtas kepti

1 arbatinis šaukštelis smulkios jūros druskos arba pagal skonį

Salsos ir padažai mirkymui: raudonoji salsa, skrudintų pomidorų padažas, žaliasis pomidorų padažas, Chipotle salsa, avokadų kremas, gvakamolė

1 Vidutiniame dubenyje sumaišykite įdarą ir tarkuotą sūrį. Maišykite arba minkykite, kad mišinys būtų panašus į mėsos kukulį.

2 Meliono kamuoliuku arba šaukštu išgriebkite mėsos ir sūrio mišinį. Padėkite tortilijos centre ant pjaustymo lentos.

3 Tortiliją perlenkite per pusę, tada sulenkite, kad susidarytų trikampis. Pritvirtinkite kraštus dantų krapštuku. Kartokite, kol visos tortilijos bus užpildytos, sulankstytos ir pritvirtintos.

4 Gilioje gruzdintuvėje arba elektrinėje keptuvėje įkaitinkite bent 7,5 cm (3 colių) aliejaus iki 190 °C (375 °F). Arba naudokite gilią keptuvę ar kitą didelį puodą ir saldainių / kepimo termometrą.

5 Naudodami kiaurasamtį, kukulį atsargiai įmeskite į karštą aliejų. Kepkite po 2-3 15-20 sekundžių, kol iš vienos pusės įgaus auksinę spalvą. Žnyplėmis arba kiaurasamčiu apverskite ir kepkite, kol iš kitos pusės apskrus, maždaug 15-20 sekundžių ilgiau.

6. Naudodami kiaurasamtį išimkite kukulius ir leiskite aliejaus pertekliui nutekėti atgal į puodą. Padėkite ant popierinių rankšluosčių, kad susigertų riebalų perteklius. Kartokite, kol visi kukuliai iškeps.

7 Pabarstykite jūros druska.

8 Patiekite šiltą arba kambario temperatūros su norima salsa ar padažu mirkymui.

20. Sopapillas (saldi kepta duona)

Padaro 16 sopapilių

INGRIDIENTAI

21/4 stiklinės (281 g) universalių miltų

2 arbatinius šaukštelius kepimo miltelių

1 valgomasis šaukštas (13 g) cukraus ir papildomai, jei reikia

1/4 arbatinio šaukštelio druskos

1/3 puodelio (68 g) patrumpinimo

3/4 puodelio (175 ml) labai šilto (110 °F [43 °C]) vandens

Augalinis aliejus, skirtas kepti

1 puodelis (340 g) medaus

1 Dideliame dubenyje sumaišykite miltus, kepimo miltelius, cukrų ir druską. Gerai išmaišykite dideliu šaukštu. Arba virtuvinio kombaino dubenyje vieną ar du kartus pulsuodami sumaišykite miltus, kepimo miltelius, cukrų ir druską.

2 Naudodami konditerijos pjaustytuvą arba šakutę sumaišykite sutrumpinimo ir miltų mišinį, kol gerai susimaišys ir taps trupiniai. Arba sudėkite patrumpinimą į virtuvinio kombaino dubenį, kelis kartus pulsuodami, kol mišinys gerai susimaišys ir sutrupės.

3 Įpilkite vandens ir maišykite arba trinkite, kol susidarys tešla. Minkykite apie 20 kartų arba iki vientisos ir elastingos masės. Arba išimkite iš darbinio dubens ir minkykite ant lengvai miltais

pabarstytos lentos apie 20 kartų arba iki vientisos ir elastingos masės. Uždenkite ir palikite bent 30 minučių pailsėti.

4 Supilkite aliejų į gruzdintuvą arba gilią elektrinę keptuvę bent 2 colių (5 cm) gyliu. Įkaitinkite iki 375 °F (190 °C). Taip pat galite naudoti gilią keptuvę arba olandišką orkaitę ir ant viryklės esantį saldainių ar kepimo termometrą. Užpildykite 5 cm (2 colių) aliejaus ir įkaitinkite iki 190 °C (375 °F).

5 Lengvai pabarstykite miltais ant stalviršio arba didelės medinės lentos.

6 Padalinkite tešlą į keturias dalis.

7. Kiekvieną tešlos dalį iškočiokite iki maždaug 8 colių (20 cm) kvadrato, maždaug 1/8 colio (3 mm) storio. Paviršių lengvai pabarstykite miltais, kad nesuliptų.

8 Tešlą peiliu supjaustykite į 4 kvadratus (4 colių arba 10 cm) arba naudokite maždaug tokio pat dydžio sausainių formelę.

9 Kepkite kiekvieną sopapilę karštame aliejuje maždaug 15-20 sekundžių arba iki auksinės spalvos iš vienos pusės. Žnyplėmis arba kiaurasamčiu apverskite ir kepkite iki auksinės rudos spalvos, maždaug 15-20 sekundžių ilgiau.

10 Naudodami kiaurasamtį išimkite sopapilį ir nusausinkite ant popierinių rankšluosčių.

11 Šiltų sopapilių viršūnes gausiai pabarstykite cukrumi.

12 Patiekite apibarstytą medumi.

21. Miltiniai tortilijų „krepai"

Padaro 8 blynelius

INGRIDIENTAI

8 šaukštai sviesto

8 pagrindinės miltų tortilijos arba pirktos parduotuvėje

1 puodelis Saldžios Mascarpone

2 puodeliai Crème Anglaise, šilto Cajeta, Dulce de Leche arba ananasų padažo

1 puodelis nuplautų ir džiovintų mėlynių/avieč ių/braškių/bananų

Plakta grietinėlė (nebūtina)

Malto muskato riešuto (nebūtina)

1 Įkaitinkite orkaitę iki 300 °F (150 °C arba 2 dujų žymos).

2 Nedidelėje keptuvėje ant silpnos ugnies ištirpinkite 1 valgomąjį šaukštą (14 g) sviesto. Kai sviestas burbuliuoja, su žnyplėmis įdėkite 1 tortiliją ir pasukite, kad viena pusė tolygiai pasidengtų sviestu.

3 Apverskite ir antrąją pusę patepkite sviestu. Tortilija turi būti minkšta; neleiskite jam traškėti svieste.

4 Padėkite tortiliją ant didelio folijos lakšto.

5 Pakartokite su likusiomis tortilijomis, sudėkite jas vieną ant kitos. Kai visos suminkštės svieste, Tortilijas sandariai suvyniokite į foliją ir pašaukite į orkaitę 10 minučių.

6 Kai būsite pasiruošę patiekti, išimkite tortilijas iš orkaitės. Tortilijos viduryje paskleiskite 2 šaukštus (29 g) saldžiosios maskarponės. Susukite kaip enchilada arba sulankstykite kaip taco. Ant viršaus uždėkite norimų vaisių. Apšlakstykite Crème Anglaise arba 1/4 puodelio (60 ml) norimo padažo. Jei norite, kiekvieną aptepkite plakta grietinėle. Pabarstykite muskato riešutu.

22. Miltų tortilija "empanadas"

Padaro 8 porcijas

INGRIDIENTAI

8 parduotuvėje pirktos miltinės Tortilijos, pakaitintos

2 puodeliai (480 g) įdaro: moliūgų, saldžiųjų bulvių arba romo obuolių

1 didelis plaktas kiaušinis ir 1 valgomasis šaukštas (15 ml) vandens, pieno arba grietinėlės

Augalinis aliejus, skirtas giliai kepti

1 puodelis (200 g) cukraus

1 valgomasis šaukštas (7 g) cinamono

1 Pašildykite tortilijas, kad jos būtų lankstesnės, ir laikykite šiltai. Padėkite 1 tortiliją ant pjaustymo lentos arba plokščios lėkštės. Ant tortilijos vidurio uždėkite 1/4 puodelio (60 g) įdaro.

2 Aptepkite kiaušinių mišiniu aplink tortilijos kraštą, naudodami 1/2 colio (12 mm) pločio konditerinį teptuką.

3 Tortilijos kraštus užlenkite kartu. Pirštais sutrinkite, suspauskite kraštus. Arba šakute suspauskite kraštus. Draudimui naudokite dantų krapštuką, kad pritvirtintumėte kraštus.

4 Gilioje gruzdintuvėje, elektrinėje keptuvėje arba sunkioje keptuvėje ant vidutinės ir stiprios ugnies įkaitinkite mažiausiai 5 cm (2 colių) augalinio aliejaus iki 190 °C (375 °F).

5 Naudodami metalinį šaukštą, atsargiai įdėkite tortiliją „empanadą" į karštą aliejų. Kepkite nuo 45 sekundžių iki 1 minutės arba iki auksinės rudos spalvos iš vienos pusės. Apverskite ir kepkite iš kitos pusės 30–45 sekundes arba iki auksinės rudos spalvos.

6 Šaukštu išimkite empanadą iš karšto aliejaus, leiskite aliejaus pertekliui nutekėti atgal į puodą. Nusausinkite ant popierinių rankšluosčių. Pakartokite su likusiomis empanadomis, kol visos iškeps.

7 Sumaišykite cukrų ir cinamoną. Šiltų "empanadų" viršūnes gausiai apibarstykite cinamoniniu cukrumi.

8 Patiekite šiltą arba kambario temperatūros.

23. Cinamoninio cukraus miltų tortilijų traškučiai

Padaro 4 porcijas

INGRIDIENTAI

4 pagrindinės miltų tortilijos (6-7 colių arba 15 arba 18 cm) arba pirktos parduotuvėje

4 šaukštai (55 g) sviesto, suminkštinto arba lydyto

1 puodelis (200 g) cukraus ir 1 valgomasis šaukštas (7 g) cinamono, gerai išmaišytas

Saldi Mascarpone

1 puodelis (240 g) Fruit Pico, nusausintas

1 Įkaitinkite orkaitę iki 350 °F (180 °C arba 4 dujų žymos).

2 Gumine mentele arba šepetėliu tolygiai ištepkite vieną tortilijos pusę sviestu iki pat kraštų. Išdėliokite sviestu pateptas tortilijas vienu sluoksniu ant kepimo skardos.

3 Įdėkite tortilijas į orkaitę ir kepkite 10 minučių arba kol lengvai apskrus ir taps traškūs.

4 Išimkite iš orkaitės ir kiekvienos tortilijos paviršių gausiai pabarstykite cukraus cinamono mišiniu.

5. Kiekvieną traškutį patiekite su šaukšteliu saldžiosios maskarponės arba kreminio sūrio.

6 Ant viršaus uždėkite 1/4 puodelio (60 g) Fruit Pico.

TOSTADAS

24. Pagrindiniai Tostadas

4 porcijos, po 2 tostadas

INGRIDIENTAI

8 tortilijų tostada lukštai, paruošti vienu iš aukščiau aprašytų metodų 1/2 puodelio keptų pupelių
3/4 puodelio Chorizo, bulvių ir morkų įdaras
1 puodelis susmulkintų salotų
3/4 puodelio pjaustytų pomidorų
2 šaukštai tarkuoto ožkos sūrio
Salsa

KRYPTYS

Ant kiekvienos iš keturių lėkščių padėkite po 2 tostadas lukštus ir kiekvienoje paskleiskite apie 2 šaukštus pupelių. Ant viršaus uždėkite vienodą kiekį chorizo, bulvių ir morkų įdaro, salotų lapų, pomidorų ir sūrio ir patiekite su salsa.

PORCIJOJE

190 kalorijų | 6 g baltymų | 20 g angliavandenių | 6 g viso riebalų (1 g sočiųjų) | 5 mg cholesterolio | 5 g skaidulų | 4 g cukraus | 190 mg natrio

25. Gorditas de Papas(bulvių Gorditas)

Apie 16 Gorditų

INGRIDIENTAI

14 uncijų paruoštos masės tortiljoms arba 1-1/2 puodelio Maseca ir 1 puodelis plius 1 šaukštas vandens
9 uncijos nuluptų rusvųjų bulvių (pasverta nulupus), supjaustytos 1-1/2 colio gabalėliais
2 arbatiniai šaukšteliai kepimo aliejaus, plius kepimo purškalas Gorditas kepti
1/2 arbatinio šaukštelio druskos
Pico de Gallo arba jūsų mėgstama salsa
1/2 puodelio gvakamolės

KRYPTYS

Paruoškite masę. Jei naudojate Maseca tortiljoms, įdėkite 1-1/2 puodelio į vidutinio dydžio dubenį ir mediniu šaukštu įmaišykite 1 puodelį ir 1 šaukštą vandens. Minkykite tešlą apie 2 minutes arba tol, kol ji taps gana vientisa, tada leiskite pailsėti 30 minučių, uždengtą plastikine plėvele, kad ji visiškai sugertų. Tešla turėtų sverti apie 14 uncijų.

Išvirkite bulves ir užbaikite tešlą. Bulves sudėkite į puodą, užpilkite keliais centimetrais vandens ir troškinkite, kol lengvai pradurs pjaustymo peiliu. Nusausinkite bulves ir perdėkite per bulvių trintuvą arba gerai sutrinkite. Įmaišykite kepimo aliejų ir druską. Norėdami baigti tešlą, sumaišykite 14 uncijų tortilla masa ir bulvių košės mišinį.

Suformuokite Gorditą. Susmulkinkite 1-1/2 uncijos tešlos gabalėlius į apskritimus. Jie turėtų būti nuo 1/8 iki 1/4 colio storio. Nelipnią keptuvę įkaitinkite ant vidutinės ugnies (apie 350-375 °F, jei turite lazerinį termometrą). Įpilkite tiek kepimo purškalo, kad padengtumėte paviršių, ir kepkite tešlą, kol dugnas taps aukso rudos spalvos, maždaug 4 minutes. Gorditas apverskite ir kepkite dar 4 minutes iš kitos pusės. Užpildykite juos Pico de Gallo, Guacamole ar bet kuo kitu, kas jums patinka, ir patiekite.

TORTILIJOS ĮVYNĖLIAI, BURRITO IR TAKOS

26. Miltų tortilijos

Virimo laikas: 5 minutės

Porcijos: 10-13

INGRIDIENTAI

450 g universalių miltų

3 šaukštai šalto daržovių patrumpinimo

1 arbatinis šaukštelis druskos

2 arbatinius šaukštelius kepimo miltelių

375 ml vandens

KRYPTYS

1. Dubenyje sumaišyti miltus, druską, kepimo miltelius ir daržovių trintuvus. Gerai išmaišykite rankomis, kol viskas susimaišys.

2.Lėtai pilkite vandenį ir rankomis minkykite tešlą. Miltai turi sugerti skystį, gausis vientisa tešla.

3.Iš tešlos suformuokite rutuliukus, po vieną dėkite į tortilijų presą. Paspauskite, kad suformuotumėte tortilijas.

Ant vidutinės ugnies įkaitinkite ketaus keptuvę. Sudėkite tortilijas po vieną ir kepkite apie 30-40 sekundžių iš kiekvienos pusės.

27. Migdolų miltų tortilijos

Virimo laikas: 5 minutės

Porcijos: 8

INGRIDIENTAI

100 g maltų blanširuotų migdolų miltų

4 šaukštai kokosų miltų

1 arbatinis šaukštelis ksantano dervos

1 arbatinis šaukštelis kepimo miltelių

1/2 arbatinio šaukštelio druskos

1 kiaušinis, kambario temperatūros, sumuštas

4 šaukštai drungno vandens

KRYPTYS

1. Į trintuvą sudėkite kiaušinį, migdolų miltus, kokoso miltus, ksantano dervą, kepimo miltelius, druską ir vandenį ir sumaišykite, kol susimaišys. Tešlą suvyniokite į plastikinę plėvelę ir padėkite į šaldytuvą bent 10 minučių.

2. Abi tortilijų preso puses išklokite pergamentiniu popieriumi arba Ziploc maišeliais. Iš tešlos suformuokite rutuliukus, po vieną dėkite į tortilijų presą. Paspauskite, kad suformuotumėte tortilijas.

3.Įkaitinkite ketų ant vidutinės ugnies. Po vieną sudėkite tortilijas ir kepkite apie 15-20 sekundžių iš kiekvienos pusės.

28. Pupelių ir kiaulienos Quesadillas

Virimo laikas: 5 minutės

Porcijos: 4

INGRIDIENTAI

450 g universalių miltų

3 šaukštai šalto daržovių patrumpinimo

1 arbatinis šaukštelis druskos

2 arbatinius šaukštelius kepimo miltelių

375 ml vandens

1 skardinė (580 g) BBQ skonio keptų pupelių ir plėšytos kiaulienos

225 g čederio sūrio, susmulkinto

125 ml grietinės

2 arbatinius šaukštelius augalinio aliejaus

KRYPTYS

1. Dubenyje sumaišyti miltus, druską, kepimo miltelius ir daržovių trintuvus. Gerai išmaišykite rankomis, kol viskas susimaišys.

2.Lėtai pilkite vandenį ir rankomis minkykite tešlą. Miltai turi sugerti skystį, gausis vientisa tešla.

3.Iš tešlos suformuokite rutuliukus, po vieną dėkite į tortilijų presą. Paspauskite, kad suformuotumėte tortilijas.

4.Įkaitinkite ketaus keptuvę ant vidutinės ugnies. Sudėkite tortilijas po vieną ir kepkite apie 30-40 sekundžių iš kiekvienos pusės.

5.Pupeles supilkite į dubenį ir laisvai sutrinkite šakute.

6. Padėkite tortilijas ant lygaus paviršiaus, o kraštus apšlakstykite vandeniu, tada kiekvienoje pusėje pridėkite pupeles ir sūrį. Sulenkite ir prispauskite kraštus, kad užsandarintumėte.

7. Keptuvėje ant vidutinės-stiprios ugnies įkaitinkite aliejų, tada kepkite vieną tortiliją po kitos maždaug 3 minutes iš kiekvienos pusės. Leiskite šiek tiek atvėsti, patiekite su grietine

29. Kreminės vištienos Quesadillas

Virimo laikas: 15 minučių

Porcijos: 6

INGRIDIENTAI

450 g universalių miltų

3 šaukštai šalto daržovių patrumpinimo

1 arbatinis šaukštelis druskos

2 arbatinius šaukštelius kepimo miltelių

375 ml vandens

2 skardinės vištienos krūtinėlės gabaliukai

1 skardinė (300 g) vištienos sriubos kondensuotos grietinėlės

113 g čederio sūrio, susmulkinto

125 ml grietinės

64 g salsos

KRYPTYS

1. Dubenyje sumaišyti miltus, druską, kepimo miltelius ir daržovių trintuvus. Gerai išmaišykite rankomis, kol viskas susimaišys.

2.Lėtai pilkite vandenį ir rankomis minkykite tešlą. Miltai turi sugerti skystį, gausis vientisa tešla.

3.Iš tešlos suformuokite rutuliukus, po vieną dėkite į tortilijų presą. Paspauskite, kad suformuotumėte tortilijas.

4.Įkaitinkite ketaus keptuvę ant vidutinės ugnies. Sudėkite tortilijas po vieną ir kepkite apie 30-40 sekundžių iš kiekvienos pusės.

5.Orkaitę įkaitinkite iki 200 C. Vištienos sriubą ir vištienos krūtinėlę sumaišykite su sūriu dubenyje.

6. Laikykite tortilijas ant 2 kepimo skardų, tada sutepkite kraštelius vandeniu, dėkite vištienos mišinį ant kiekvienos tortilijos pusės pusės. Sulenkite, užspauskite kraštus, kad užsandarintumėte.

7.Kepkite 10 minučių; patiekite su grietine ir salsa.

30. Cilantro miltų tortilijos

Virimo laikas: 15 minučių

Porcijos: 12

INGRIDIENTAI

256 g šviežios kalendros, susmulkintos

2 puodeliai (255 g) universalių miltų

32 g taukų, susmulkintų

1 valgomasis šaukštas augalinio aliejaus

1 arbatinis šaukštelis košerinės druskos

KRYPTYS

1. Puode ant vidutinės ugnies užvirkite apie 1. 2. L vandens. . Virkite kalendrą vandenyje 1 minutę. Nusausinkite kalendrą, palikdami $\frac{3}{4}$ puodelio virimo vandens.

2. Maišytuvu sutrinkite vandenį, kalendrą ir druską iki vientisos masės, leiskite atvėsti.

3.Į dubenį suberkite miltus ir taukus ir gerai išmaišykite. Įpilkite augalinio aliejaus, tada įpilkite $\frac{1}{2}$ puodelio kalendros vandens, kad susidarytų tešla. Tešlą padėkite ant darbinio paviršiaus ir minkykite 5-7 minutes. Leiskite pailsėti apie 30 minučių.

4.Iš tešlos suformuokite rutuliukus, po vieną dėkite į tortilijų presą. Paspauskite, kad suformuotumėte tortilijas.

5.Įkaitinkite ketaus keptuvę ant vidutinės ugnies. Sudėkite tortilijas po vieną ir kepkite apie 30-40 sekundžių iš kiekvienos pusės.

31. Kukurūzų tortilijos

Virimo laikas: 10 minučių

Porcijos: 15

INGRIDIENTAI

260 g masa harina tortiljoms

250 ml karšto vandens

2 šaukštai vandens, kambario temperatūros

KRYPTYS

1. Dubenyje sumaišykite masa harina ir karštą vandenį. Uždenkite ir palikite pailsėti apie 30 minučių.

2.Minkyti tešlą, pilant kambario temperatūros vandenį. Minkykite, kol gausite vientisą tešlą.

3. Abi tortilijų preso puses išklokite pergamentiniu popieriumi arba Ziploc maišeliais. Iš tešlos suformuokite rutuliukus, po vieną dėkite į tortilijų presą. Paspauskite, kad suformuotumėte tortilijas.

4.Įkaitinkite ketinį ant vidutinės ugnies. Po vieną sudėkite tortilijas ir kepkite apie 15-20 sekundžių iš kiekvienos pusės.

32. Jautienos Burrito keptuvė

Virimo laikas: 20 minučių

Porcijos: 6

INGRIDIENTAI

450 g universalių miltų

64 g meksikietiško mišinio

3 šaukštai šalto sūrio, susmulkinto

daržovių trumpinimas

32 g žalių svogūnų, pjaustytų

1 arbatinis šaukštelis druskos

128 g salsos

2 arbatinius šaukštelius kepimo miltelių

250 ml vandens

375 ml vandens

125 ml grietinės

450 g maltos jautienos

1 pakuotė taco prieskonių

1 skardinė (425 g) juodųjų pupelių, nuplauti, nusausinti

KRYPTYS

1. Dubenyje sumaišyti miltus, druską, kepimo miltelius ir daržovių trintuvus. Gerai išmaišykite rankomis, kol viskas susimaišys.

2.Lėtai pilkite vandenį ir rankomis minkykite tešlą. Miltai turi sugerti skystį, gausis vientisa tešla.

3.Iš tešlos suformuokite rutuliukus, po vieną dėkite į tortilijų presą. Paspauskite, kad suformuotumėte tortilijas.

4.Įkaitinkite ketaus keptuvę ant vidutinės ugnies. Sudėkite tortilijas po vieną ir kepkite apie 30-40 sekundžių iš kiekvienos pusės. Leiskite šiek tiek atvėsti ir supjaustykite.

5Įkaitinkite keptuvę ant vidutinės ir stiprios ugnies, tada kepkite jautieną 9 minutes, dažnai maišydami. Įpilkite vandens, pupelių, salsos ir taco prieskonių, tada virkite 3 minutes ant vidutinės ugnies.

6. Sumažinkite ugnį iki minimumo, tada sudėkite tortilijas ir sūrį. Nukelkite nuo ugnies ir leiskite sūriui ištirpti.

7.Sudėkite svogūnus ir grietinę, patiekite karštą.

33. Vištienos Enchilada keptuvė

Virimo laikas: 10 minučių

Porcijos: 6

INGRIDIENTAI

450 g universalių miltų

32 g žalio svogūno, supjaustyto griežinėliais

3 šaukštai šalto

128 g meksikietiško sūrio, susmulkinto

daržovių trumpinimas

1 arbatinis šaukštelis druskos

64 g stambios salsos

2 arbatinius šaukštelius kepimo miltelių

125 ml grietinės

375 ml vandens

65 ml vandens

256 g vištienos, virta, susmulkinta

½ arbatinio šaukštelio maltų kmynų

½ arbatinio šaukštelio džiovinto raudonėlio

KRYPTYS

1. Dubenyje sumaišyti miltus, druską, kepimo miltelius ir daržovių trintuvus. Gerai išmaišykite rankomis, kol viskas susimaišys.

2.Lėtai pilkite vandenį ir rankomis minkykite tešlą. Miltai turi sugerti skystį, gausis vientisa tešla.

3.Iš tešlos suformuokite rutuliukus, po vieną dėkite į tortilijų presą. Paspauskite, kad suformuotumėte tortilijas.

4.Įkaitinkite ketaus keptuvę ant vidutinės ugnies. Sudėkite tortilijas po vieną ir kepkite apie 30-40 sekundžių iš kiekvienos pusės. Leiskite atvėsti ir supjaustykite tortilijas.

5Į tą pačią keptuvę sudėkite vištieną, supilkite padažą, salsą, vandenį, kmynus ir raudonėlį. Užvirkite ir virkite apie 10 minučių.

6.Sudėkite tortiliją ir sūrį. Nukelkite nuo ugnies. Patiekalą pabarstykite svogūnais ir patiekite su grietine.

34. Tortilijos traškučiai

Virimo laikas: 15 minučių

Porcijos: 6-8

INGRIDIENTAI

260 g masa harina tortiljoms

250 ml karšto vandens

2 šaukštai vandens, kambario temperatūros

Rapsų aliejus, skirtas kepti

Druska, pagal skonį

KRYPTYS

1. Dubenyje sumaišykite masa harina ir karštą vandenį. Uždenkite ir palikite pailsėti apie 30 minučių.

2.Minkyti tešlą, pilant kambario temperatūros vandenį. Minkykite, kol gausite vientisą tešlą.

3. Abi tortilijų preso puses išklokite pergamentiniu popieriumi arba Ziploc maišeliais. Iš tešlos suformuokite rutuliukus, po vieną dėkite į tortilijų presą. Paspauskite, kad suformuotumėte tortilijas.

4.Įkaitinkite ketinį ant vidutinės ugnies. Po vieną sudėkite tortilijas ir kepkite apie 15-20 sekundžių iš kiekvienos pusės. Atvėsinkite ir supjaustykite trikampiais.

5. Įkaitinkite aliejų keptuvėje iki 350 F. Padėkite groteles ant kepimo skardos.

6. Tortilijas pakepinkite aliejuje dalimis 1 minutę.

7.Baigę perkelkite ant grotelių ir dar karštą pagardinkite druska. Leiskite atvėsti ir patiekite.

35. Apple Taquitos

Virimo laikas: 15 minučių

Porcijos: 12

INGRIDIENTAI

450 g universalių miltų

3 šaukštai šalto daržovių patrumpinimo

1 arbatinis šaukštelis druskos

2 arbatinius šaukštelius kepimo miltelių

375 ml vandens

1 skardinė (560 g) obuolių pyrago įdaro, susmulkinta

32 g sviesto, lydyto

1 arbatinis šaukštelis cinamono

64 g cukraus

KRYPTYS

1. Dubenyje sumaišyti miltus, druską, kepimo miltelius ir daržovių trintuvus. Gerai išmaišykite rankomis, kol viskas susimaišys.

2.Lėtai pilkite vandenį ir rankomis minkykite tešlą. Miltai turi sugerti skystį, gausis vientisa tešla.

3.Iš tešlos suformuokite rutuliukus, po vieną dėkite į tortilijų presą. Paspauskite, kad suformuotumėte tortilijas.

4.Įkaitinkite ketaus keptuvę ant vidutinės ugnies. Sudėkite tortilijas po vieną ir kepkite apie 30-40 sekundžių iš kiekvienos pusės.

5.Įkaitinkite orkaitę iki 176 C. Kepimo skardą ištepkite sviestu. Dubenyje sumaišykite cinamoną ir cukrų.

6Padėkite tortilijas ant lygaus paviršiaus, tada ant kiekvienos užpilkite 2 šaukštus obuolių pyrago įdaro ir susukite. Sutepkite tortilijas sviestu, tada kiekvieną panardinkite į cinamono mišinį. Dėkite ant kepimo skardos ir kepkite 15 minučių.

36. Skillet Vištienos tortilijos pyragas

Virimo laikas: 1 valanda

Porcijos: 12

INGRIDIENTAI

520 g masa harina tortiljoms

500 ml karšto vandens

4 šaukštai vandens, kambario temperatūros

900 g vištienos krūtinėlės be kaulų, nuluptos

400 g Mocarelos sūrio, susmulkinto

2 šaukštai taco prieskonių

DĖL PADAŽO

375 ml vištienos sultinio

2 skardinės (800 g) pomidorų, supjaustytų kubeliais

1 geltonasis svogūnas, susmulkintas

4 česnako skiltelės, susmulkintos

2 šaukštai aliejaus

2 arbatiniai šaukšteliai čili miltelių

1 arbatinis šaukštelis raudonėlio

2 arbatinius šaukštelius kmynų

1 ½ šaukštelio druskos

KRYPTYS

1. Dubenyje sumaišykite masa harina ir karštą vandenį. Uždenkite ir palikite pailsėti apie 30 minučių.

2.Minkyti tešlą, pilant kambario temperatūros vandenį. Minkykite, kol gausite vientisą tešlą.

3. Abi tortilijų preso puses išklokite pergamentiniu popieriumi arba Ziploc maišeliais. Iš tešlos suformuokite rutuliukus, po vieną dėkite į tortilijų presą. Paspauskite, kad suformuotumėte tortilijas.

4.Įkaitinkite ketinį ant vidutinės ugnies. Po vieną sudėkite tortilijas ir kepkite apie 15-20 sekundžių iš kiekvienos pusės.

5.Keptuvėje ant vidutinės-stiprios ugnies įkaitinkite aliejų ir pakepinkite svogūnus apie 5-7 minutes. Sumažinkite ugnį iki minimumo ir suberkite kmynus, čili miltelius, česnaką, raudonėlį ir druską, pakepinkite 3 minutes.

6.Supilkite pomidorus ir vištienos sultinį, viską užvirinkite. . Virkite apie 7 minutes. Sutrinkite trintuvu.

7.Pagardinkite vištienos krūtinėlę druska, į keptuvę įpilkite aliejaus ir kepkite vištieną ant vidutinės-mažos ugnies, kol abi pusės apskrus. Įpilkite padažo ir virkite 8 minutes. Išimkite vištieną iš keptuvės ir supjaustykite.

8.Įkaitinkite orkaitę iki 176 C. Paruoškite kepimo skardą, ant lakšto dėkite 5 padaže pamirkytas tortilijas.

9. Įdėkite maždaug 1 šaukštą sūrio, 1 šaukštą vištienos ir $\frac{3}{4}$ puodelio padažo. Pakartokite sluoksnius. Padarykite 2 pyragus.

10.Pyragelius uždenkite folija ir kepkite 25 minutes.

37. Tortilijos prancūziški skrebučiai

Virimo laikas: 5 minutės

Porcijos: 4

INGRIDIENTAI

1 kiaušinis

65 ml pieno

100 g maltų blanširuotų migdolų miltų

1 valgomasis šaukštas nesūdyto sviesto

1 valgomasis šaukštas vanilės ekstrakto

4 šaukštai kokosų miltų

32 g cukraus

1 arbatinis šaukštelis ksantano dervos

1 arbatinis šaukštelis malto cinamono

1 arbatinis šaukštelis kepimo miltelių

1/2 arbatinio šaukštelio druskos

1 kiaušinis, kambario temperatūros, sumuštas

4 šaukštai drungno vandens

KRYPTYS

1. Į trintuvą sudėkite kiaušinį, migdolų miltus, kokoso miltus, ksantano dervą, kepimo miltelius, druską ir vandenį ir sumaišykite, kol susimaišys. Tešlą suvyniokite į plastikinę plėvelę ir padėkite į šaldytuvą bent 10 minučių.

2. Abi tortilijų preso puses išklokite pergamentiniu popieriumi arba Ziploc maišeliais. Iš tešlos suformuokite rutuliukus, po vieną dėkite į tortilijų presą. Paspauskite, kad suformuotumėte tortilijas.

3.Įkaitinkite ketų ant vidutinės ugnies. Po vieną sudėkite tortilijas ir kepkite apie 15-20 sekundžių iš kiekvienos pusės.

4. Dubenyje išplakite kiaušinį, vanilę ir pieną. . Atskirame dubenyje sumaišykite cukrų ir cinamoną.

5.Įkaitinkite keptuvę ant vidutinės ugnies ir aptepkite sviestu.

6. Tortilijas panardinkite į kiaušinių mišinį, kepkite, kol abi pusės taps auksinės rudos spalvos.

7.Apiberiame cinamono cukrų, sulankstome ir patiekiame.

38. Korėjos jautienos tacos

Virimo laikas: 10 minučių

Porcijos: 12

INGRIDIENTAI

450 g universalių miltų

1 valgomasis šaukštas šviežias

3 šaukštai šalto daržovių sutrumpinimo

imbiero, malto

¼ puodelio sojos padažo

1 arbatinis šaukštelis druskos

¼ puodelio rudojo cukraus

2 arbatinius šaukštelius kepimo miltelių

¼ puodelio karšto vandens

375 ml vandens

1 arbatinis šaukštelis juodųjų pipirų

1 ½ svaro jautienos kepsnys, supjaustytas

PADAŽUI:

1 purpurinis kopūstas, susmulkintas

1/3 stiklinės grietinės

1 avokadas, supjaustytas

¼ puodelio majonezo

1/3 kalendros kekės, susmulkintos

1 arbatinis šaukštelis Sriracha padažo

MARINADUI:

1 arbatinis šaukštelis česnako miltelių

4 šaukštai sezamo aliejaus

2 šaukštai laimo sulčių

4 česnako skiltelės, susmulkintos

KRYPTYS

1. Dubenyje sumaišyti miltus, druską, kepimo miltelius ir daržovių trintuvus. Gerai išmaišykite rankomis, kol viskas susimaišys.

2.Lėtai pilkite vandenį ir rankomis minkykite tešlą. Miltai turi sugerti skystį, gausis vientisa tešla.

3.Iš tešlos suformuokite rutuliukus, po vieną dėkite į tortilijų presą. Paspauskite, kad suformuotumėte tortilijas.

4.Įkaitinkite ketaus keptuvę ant vidutinės ugnies. Sudėkite tortilijas po vieną ir kepkite apie 30-40 sekundžių iš kiekvienos pusės.

5. Dubenyje sumaišykite visus padažo ingredientus ir sudėkite jautienos griežinėlius. Gerai išmaišykite, kad pasidengtų, uždenkite ir šaldykite mažiausiai 4 valandas.

6. Keptuvėje ant vidutinės ugnies įkaitinkite aliejų. . Sudėkite mėsą ir kepkite 7-8 minutes, kol mėsa apskrus iš visų pusių.

7.Įkaitinkite atskirą keptuvę ant vidutinės ugnies ir sudėkite tortilijas ant keptuvės, pašildykite ir apverskite į kitą pusę.

8. Dubenyje sumaišykite visus padažo ingredientus.

9. Ant kiekvienos tortilijos uždėkite jautienos mišinio, ant viršaus suberkite kopūstą, avokadą ir kalendrą, apšlakstykite taco padažu ir patiekite.

39. Vištiena ir Poblano Chilaquiles

Virimo laikas: 45 minutės

Porcijos: 2

INGRIDIENTAI

450 g universalių miltų

3 šaukštai šalto daržovių patrumpinimo

1 arbatinis šaukštelis druskos

2 arbatinius šaukštelius kepimo miltelių

375 ml vandens

2 vištienos krūtinėlės, virtos, susmulkintos

2 česnako skiltelės, susmulkintos

1 avokadas, supjaustytas

1 ryšelis kalendros

1 laimas, sultys

1 poblano pipiras, susmulkintas

1 askaloninis česnakas, susmulkintas

1 raudonasis svogūnas, susmulkintas

½ galvos eskarolės, susmulkintos

1 skardinė (225 g) pomidorų padažo

2 šaukštai meksikietiškų prieskonių mišinio

56 g queso freska

KRYPTYS

1. Dubenyje sumaišyti miltus, druską, kepimo miltelius ir daržovių trintuvus. Gerai išmaišykite rankomis, kol viskas susimaišys.

2.Lėtai pilkite vandenį ir rankomis minkykite tešlą. Miltai turi sugerti skystį, gausis vientisa tešla.

3.Iš tešlos suformuokite rutuliukus, po vieną dėkite į tortilijų presą. Paspauskite, kad suformuotumėte tortilijas.

4.Įkaitinkite ketaus keptuvę ant vidutinės ugnies. Sudėkite tortilijas po vieną ir kepkite apie 30-40 sekundžių iš kiekvienos pusės.

5.Įkaitinkite orkaitę iki 200 C. Tortilijas supjaustykite juostelėmis ir paskleiskite ant kepimo skardos. Kepkite 15 minučių.

6.Keptuvėje ant vidutinės ugnies įkaitinkite aliejų. Suberkite svogūną, pipirus ir česnaką, kepkite apie 2-3 minutes.

7.Įpilkite pomidorų padažo, vištienos, kalendros, prieskonių ir apie 125 ml vandens. Virkite apie 10 minučių.

8. Dubenyje sumaišykite laimo sultis, apie 2 šaukštus aliejaus ir askaloninius česnakus. Į keptuvę sudėkite tortilijos juosteles ir askaloninių česnakų mišinį ir išmaišykite, kad susimaišytų.

9. Patiekite su avokadu ir kalendra.

40. Švieži krabų tacos

Virimo laikas: 15 minučių

Porcijos: 4

INGRIDIENTAI

450 g universalių miltų

2 pomidorai, supjaustyti

3 šaukštai šalto daržovių sutrumpinimo

2 ridikėliai, supjaustyti kubeliais

½ raudonojo svogūno, supjaustyto

1 arbatinis šaukštelis druskos

1 paprika, supjaustyta kubeliais

2 arbatinius šaukštelius kepimo miltelių

1 jalapeno, susmulkintas

375 ml vandens

32 g šviežios kalendros, susmulkintos

225 g krabų mėsos

2 arbatiniai šaukšteliai Sriracha

3 šaukštai alyvuogių aliejaus

Druska, pagal skonį

1 valgomasis šaukštas laimo sulčių

1 valgomasis šaukštas šviežių mėtų, susmulkintų

KRYPTYS

1. Dubenyje sumaišyti miltus, druską, kepimo miltelius ir daržovių trintuvus. Gerai išmaišykite rankomis, kol viskas susimaišys.

2.Lėtai pilkite vandenį ir rankomis minkykite tešlą. Miltai turi sugerti skystį, gausis vientisa tešla.

3.Iš tešlos suformuokite rutuliukus, po vieną dėkite į tortilijų presą. Paspauskite, kad suformuotumėte tortilijas.

4.Įkaitinkite ketaus keptuvę ant vidutinės ugnies. Sudėkite tortilijas po vieną ir kepkite apie 30-40 sekundžių iš kiekvienos pusės.

5. Dubenyje sumaišykite pomidorus, ridikėlius, raudonąjį svogūną, 2 šaukštus kalendros ir Sriracha. Pagardinkite druska ir gerai išmaišykite.

6. Atskirame dubenyje sumaišykite jalapeño, paprikas, alyvuogių aliejų, laimo sultis, mėtas ir likusią kalendrą. Įdėkite krabų mėsą ir pagardinkite druska, gerai išmaišykite, kad susimaišytų.

7. Ant kiekvienos tortilijos užpilkite krabų mėsos mišinio ir salsos. Tarnauti.

41. Persikų ir grietinėlės desertinis taco

Virimo laikas: 15 minučių

Porcijos: 6

INGRIDIENTAI

450 g universalių miltų

3 šaukštai šalto daržovių patrumpinimo

1 arbatinis šaukštelis druskos

2 arbatinius šaukštelius kepimo miltelių

375 ml vandens

2 prinokę persikai, supjaustyti

113 g grietinėlės sūrio

1 arbatinis šaukštelis vanilės ekstrakto

128 g cukraus pudros

1 $\frac{1}{2}$ šaukšto riebios grietinėlės

KRYPTYS

1. Dubenyje sumaišyti miltus, druską, kepimo miltelius ir daržovių trintuvus. Gerai išmaišykite rankomis, kol viskas susimaišys.

2.Lėtai pilkite vandenį ir rankomis minkykite tešlą. Miltai turi sugerti skystį, gausis vientisa tešla.

3.Iš tešlos suformuokite rutuliukus, po vieną dėkite į tortilijų presą. Paspauskite, kad suformuotumėte tortilijas.

4.Įkaitinkite ketaus keptuvę ant vidutinės ugnies. Sudėkite tortilijas po vieną ir kepkite apie 30-40 sekundžių iš kiekvienos pusės.

5. Dubenyje suplakite kreminį sūrį. Įpilkite vanilės ir gerai išmaišykite.

6.Suberkite cukraus pudrą ir gerai išplakite. Įpilkite grietinėlės ir vėl išmaišykite.

7.Šaukštu uždėkite mišinio ant tortilijų ir uždėkite persikų. Tarnauti.

42. Pusryčiai Burrito

Virimo laikas: 15 minučių

Porcijos: 4

INGRIDIENTAI

450 g universalių miltų

3 šaukštai šalto daržovių patrumpinimo

1 arbatinis šaukštelis druskos

2 arbatinius šaukštelius kepimo miltelių

375 ml vandens

4 kiaušiniai

2 kiaušinių baltymai

½ raudonojo svogūno, supjaustyto kubeliais

1 paprika, supjaustyta kubeliais

1 pomidoras, supjaustytas kubeliais

1 avokadas, kubeliais

1 puodelis konservuotų juodųjų pupelių, nuplautų, nusausintų

1/3 puodelio Pepper Jack sūrio, susmulkinto

¼ puodelio salsos

¼ arbatinio šaukštelio čili dribsnių

Druska ir pipirai, pagal skonį

KRYPTYS

1. Dubenyje sumaišyti miltus, druską, kepimo miltelius ir daržovių trintuvus. Gerai išmaišykite rankomis, kol viskas susimaišys.

2.Lėtai pilkite vandenį ir rankomis minkykite tešlą. Miltai turi sugerti skystį, gausis vientisa tešla.

3.Iš tešlos suformuokite rutuliukus, po vieną dėkite į tortilijų presą. Paspauskite, kad suformuotumėte tortilijas.

4.Įkaitinkite ketaus keptuvę ant vidutinės ugnies. Sudėkite tortilijas po vieną ir kepkite apie 30-40 sekundžių iš kiekvienos pusės.

5. Įkaitinkite keptuvę be keptuvės ant vidutinės ugnies. Suberkite svogūnus ir papriką ir kepkite apie 6-8 minutes.

6.Suberkite juodąsias pupeles ir čili dribsnius, virkite 3 minutes. Pagardinkite druska ir pipirais.

7. Dubenyje suplakite kiaušinius ir baltymus. Pridėti sūrio.

8.Į keptuvę įmuškite kiaušinius ir sumažinkite ugnį iki minimumo. . Plakite, kol kiaušiniai iškeps, maždaug 3–4 minutes.

9. Ant kiekvienos tortilijos užpilkite salsos, juodųjų pupelių mišinio, kiaušinienės mišinio, pomidorų ir avokadų.

10.Susukite į burito ir patiekite.

43. Žalioji čili vištienos enchiladas

Virimo laikas: 30 minučių

Porcijos: 4

INGRIDIENTAI

260 g masa harina tortiljoms

250 ml karšto vandens

2 šaukštai vandens, kambario temperatūros

12 uncijų vištienos krūtinėlė be odos, virta

1/2 puodelio šviesios čederio sūrio sriubos

1 1/4 puodelio šviesios grietinėlės vištienos sriubos

1/4 puodelio žaliųjų čili pipirų, supjaustytų

9 baltos kukurūzų tortilijos

3/4 puodelio sumažinto riebumo mocarelos sūrio, susmulkinto

KRYPTYS

1 Dubenyje sumaišykite masa harina ir karštą vandenį. Uždenkite ir palikite pailsėti apie 30 minučių.

2.Minkyti tešlą, pilant kambario temperatūros vandenį. Minkykite, kol gausite vientisą tešlą.

3. Abi tortilijų preso puses išklokite pergamentiniu popieriumi arba Ziploc maišeliais. Iš tešlos suformuokite rutuliukus, po vieną dėkite į tortilijų presą. Paspauskite, kad suformuotumėte tortilijas.

4.Įkaitinkite ketinį ant vidutinės ugnies. Po vieną sudėkite tortilijas ir kepkite apie 15-20 sekundžių iš kiekvienos pusės.

5.Įkaitinkite orkaitę iki 176°C. Paruoškite kepimo indą ir aptepkite kepimo purškikliu.

6. Dubenyje sumaišykite vištieną, sriubas, čili, druską ir pipirus.

7. Į kepimo skardą sudėkite tortilijas, vištienos mišinį ir sūrį.

8.Kepkite 30 minučių ir patiekite.

44. Meksikietiška tortilijų sriuba

Virimo laikas: 30 minučių

Porcijos: 6

INGRIDIENTAI

260 g masa harina tortiljoms

250 ml karšto vandens

2 šaukštai vandens, kambario temperatūros

2 skardinės (po 396 g) neriebaus, mažiau natrio vištienos sultinio

1 skardinė (396 g) kubeliais pjaustytų pomidorų, nenusausintų

340 g vištienos krūtinėlės, be odos, be kaulų, supjaustyta kubeliais

2 arbatinius šaukštelius alyvuogių aliejaus

1 svogūnas, susmulkintas

1 paprika, susmulkinta

2 česnako skiltelės, susmulkintos

3/4 arbatinio šaukštelio maltų kmynų

3/4 arbatinio šaukštelio čili miltelių

50 g šviežios kalendros, susmulkintos

64 g sumažinto riebumo meksikietiško mišinio sūrio, susmulkinto

1 laimas, supjaustytas griežinėliais

Druska, pipirai, pagal skonį

KRYPTYS

1 Dubenyje sumaišykite masa harina ir karštą vandenį. Uždenkite ir palikite pailsėti apie 30 minučių.

2.Minkyti tešlą, pilant kambario temperatūros vandenį. Minkykite, kol gausite vientisą tešlą.

3. Abi tortilijų preso puses išklokite pergamentiniu popieriumi arba Ziploc maišeliais. Iš tešlos suformuokite rutuliukus, po vieną dėkite į tortilijų presą. Paspauskite, kad suformuotumėte tortilijas.

4.Įkaitinkite ketinį ant vidutinės ugnies. Po vieną sudėkite tortilijas ir kepkite apie 15-20 sekundžių iš kiekvienos pusės.

5.Įkaitinkite orkaitę iki 200 C. Tortilijas supjaustykite juostelėmis ir paskleiskite ant kepimo skardos. Kepkite 15 minučių.

6.Puode ant vidutinės ugnies įkaitinkite aliejų. Sudėkite vištieną ir kepkite apie 3-4 minutes. Perkelkite į lėkštę.

7.Į puodą suberkite svogūną, papriką ir česnaką ir kepkite 5 minutes. . Suberkite čili miltelius, kmynus, druską, pipirus, pomidorus ir sultinį, gerai išmaišykite, kad susimaišytų.

8.Viską užvirkite. Sumažinkite ugnį iki minimumo ir virkite apie 5 minutes.

9.Įdėkite vištieną ir virkite 3 minutes. Patiekite su tortilijomis, sūriu ir laimu.

45. Ceviche de Camarón

Virimo laikas: 15 minučių

Porcijos: 6

INGRIDIENTAI

450 g universalių miltų

64 g raudonojo svogūno, susmulkinto

3 šaukštai šalto daržovių patrumpinimo

1 serrano čili, susmulkinta

64 g kalendros, susmulkintos

1 arbatinis šaukštelis druskos

1 avokadas, nuluptas,

2 arbatinius šaukštelius kepimo miltelių

375 ml vandens

130 g pomidorų, supjaustytų kubeliais

450 g vidutinių krevečių, nuluptų ir nuskustų

2 šaukštai aukščiausios kokybės pirmojo spaudimo alyvuogių aliejaus

125 ml laimo sulčių

Druska, pagal skonį

125 ml citrinos sulčių

KRYPTYS

1. Dubenyje sumaišyti miltus, druską, kepimo miltelius ir daržovių trintuvus. Gerai išmaišykite rankomis, kol viskas susimaišys.

2.Lėtai pilkite vandenį ir rankomis minkykite tešlą. Miltai turi sugerti skystį, gausis vientisa tešla.

3.Iš tešlos suformuokite rutuliukus, po vieną dėkite į tortilijų presą. Paspauskite, kad suformuotumėte tortilijas.

4.Įkaitinkite ketaus keptuvę ant vidutinės ugnies. Sudėkite tortilijas po vieną ir kepkite apie 30-40 sekundžių iš kiekvienos pusės.

5.Į puodą įpilkite apie 2 l vandens ir užvirinkite. Pagardinkite druska ir suberkite krevetes, virkite apie 3 minutes. Nusausinkite ir nusausinkite.

6. Susmulkinkite krevetes ir sumaišykite su laimo sultimis, citrinos sultimis, čile ir raudonuoju svogūnu. Uždenkite ir šaldykite apie 1 valandą.

7. Dubenyje sumaišykite avokadą, pomidorą, kalendrą ir aliejų. Pagardinkite druska.

8. Ant kiekvienos tortilijos užpilkite avokadų ir krevečių mišinio. Tarnauti.

46. Huevos Rancheros

Virimo laikas: 25 minutės

Porcijos: 4

INGRIDIENTAI

450 g universalių miltų

1 jalapeno pipiras, susmulkintas

3 šaukštai šalto daržovių patrumpinimo

140 g chorizo, pašalintas apvalkalas, supjaustytas kubeliais

1 arbatinis šaukštelis druskos

Aliejus, kepimui

2 arbatinius šaukštelius kepimo miltelių

1 skardinė (450 g) keptų pupelių

375 ml vandens

4 kiaušiniai

1 skardinė (425 g) nesmulkintų nuluptų pomidorų, nenusausintų nuluptų ir supjaustytų kubeliais

1 avokadas be kauliukų,

32 g kalendros, susmulkintos

85 g queso freska, trupinėta

32 g geltonojo svogūno, supjaustyto kubeliais

1/2 arbatinio šaukštelio druskos

1 česnako skiltelė, nulupta ir susmulkinta

KRYPTYS

1. Dubenyje sumaišyti miltus, druską, kepimo miltelius ir daržovių trintuvus. Gerai išmaišykite rankomis, kol viskas susimaišys.

2.Lėtai pilkite vandenį ir rankomis minkykite tešlą. Miltai turi sugerti skystį, gausis vientisa tešla.

3.Iš tešlos suformuokite rutuliukus, po vieną dėkite į tortilijų presą. Paspauskite, kad suformuotumėte tortilijas.

4.Įkaitinkite ketaus keptuvę ant vidutinės ugnies. Sudėkite tortilijas po vieną ir kepkite apie 30-40 sekundžių iš kiekvienos pusės.

5 Įdėkite pomidorus, svogūną, kalendrą, česnaką, jalapeno ir druską ir sumaišykite iki vientisos masės. Supilkite į keptuvę ir padėkite ant vidutinės ugnies. Virkite apie 10 minučių.

6Kepkite chorizo atskiroje keptuvėje iki rudos spalvos. Suberkite pupeles ir virkite 1-2 minutes.

7.Padėkite mišinį ant tortilijų. Į keptuvę įmuškite kiaušinius ir kepkite, kol sustings. Uždėkite ant tortilijų.

8. Patiekite su padažu, avokadu, sūriu ir kalendra.

47. Migas

Virimo laikas: 25 minutės

Porcijos: 4

INGRIDIENTAI

450 g universalių miltų

3 šaukštai šalto daržovių patrumpinimo

1 arbatinis šaukštelis druskos

2 arbatinius šaukštelius kepimo miltelių

375 ml vandens

4 kiaušiniai, sumušti

Alyva

Druska, pipirai, pagal skonį

KRYPTYS

1. Dubenyje sumaišyti miltus, druską, kepimo miltelius ir daržovių trintuvus. Gerai išmaišykite rankomis, kol viskas susimaišys.

2.Lėtai pilkite vandenį ir rankomis minkykite tešlą. Miltai turi sugerti skystį, gausis vientisa tešla.

3.Iš tešlos suformuokite rutuliukus, po vieną dėkite į tortilijų presą. Paspauskite, kad suformuotumėte tortilijas.

4.Įkaitinkite ketaus keptuvę ant vidutinės ugnies. Sudėkite tortilijas po vieną ir kepkite apie 30-40 sekundžių iš kiekvienos pusės.

5.Įkaitinkite orkaitę iki 200 C. Tortilijas supjaustykite juostelėmis ir paskleiskite ant kepimo skardos. Kepkite 15 minučių.

6. Keptuvėje ant vidutinės ugnies įkaitinkite aliejų. Sudėkite tortilijos juosteles ir maišykite 1-2 minutes.

7.Įpilkite kiaušinių, druskos ir pipirų ir virkite, kol kiaušiniai išvirs, dažnai maišydami. Tarnauti.

48. Desertas Nachos

Virimo laikas: 10 minučių

Porcijos: 8

INGRIDIENTAI

450 g universalių miltų

1 valgomasis šaukštas cinamono

3 šaukštai šalto daržovių patrumpinimo

250 ml karamelinio padažo

170 g šokolado drožlių

1 arbatinis šaukštelis druskos

170 g baltojo šokolado, tarkuoto

2 arbatinius šaukštelius kepimo miltelių

125 ml riebios grietinėlės

375 ml vandens

128 g pekano riešutų, susmulkintų

32 g cukraus

KRYPTYS

1. Dubenyje sumaišyti miltus, druską, kepimo miltelius ir daržovių trintuvus. Gerai išmaišykite rankomis, kol viskas susimaišys.

2.Lėtai pilkite vandenį ir rankomis minkykite tešlą. Miltai turi sugerti skystį, gausis vientisa tešla.

3.Iš tešlos suformuokite rutuliukus, po vieną dėkite į tortilijų presą. Paspauskite, kad suformuotumėte tortilijas.

4.Įkaitinkite ketaus keptuvę ant vidutinės ugnies. Sudėkite tortilijas po vieną ir kepkite apie 30-40 sekundžių iš kiekvienos pusės. Kiekvieną tortiliją supjaustykite griežinėliais.

5. Dubenyje sumaišykite cinamoną ir cukrų. Kiekvieną tortiliją pamerkite į mišinį ir aptepkite iš visų pusių.

6. Įdėkite tortilijas į vienkartinę aliuminio skardą. Įpilkite šokolado drožlių ir karamelės padažo bei pabarstykite pekano riešutais ir šokoladu.

7.Dėkite į keptuvę ir padėkite ant grotelių, įkaitinkite iki vidutinės. Virkite apie 3-4 minutes. Tarnauti.

49. Vištienos Taco salotos su tortilijos juostelėmis

Virimo laikas: 20 minučių

Porcijos: 8

INGRIDIENTAI

450 g universalių miltų

2 paprikos, supjaustytos

3 šaukštai šalto daržovių patrumpinimo

1/2 raudonojo svogūno, supjaustyto

Žalios salotos lapai

1 arbatinis šaukštelis druskos

DĖL APRANGA:

2 arbatinius šaukštelius kepimo miltelių

1 avokadas

375 ml vandens

82 ml alyvuogių aliejaus

675 g vištienos krūtinėlės, supjaustytos

82 ml obuolių sidro acto

1 valgomasis šaukštas alyvuogių aliejaus

65 ml vandens

1 pakelis taco prieskonių

2 šaukštai šviežios kalendros

82 ml vandens

Druska, pipirai, pagal skonį

128 g saldžiųjų kukurūzų

KRYPTYS

1. Dubenyje sumaišyti miltus, druską, kepimo miltelius ir daržovių trintuvus. Gerai išmaišykite rankomis, kol viskas susimaišys.

2.Lėtai pilkite vandenį ir rankomis minkykite tešlą. Miltai turi sugerti skystį, gausis vientisa tešla.

3.Iš tešlos suformuokite rutuliukus, po vieną dėkite į tortilijų presą. Paspauskite, kad suformuotumėte tortilijas.

8.Įkaitinkite ketaus keptuvę ant vidutinės ugnies. Sudėkite tortilijas po vieną ir kepkite apie 30-40 sekundžių iš kiekvienos pusės.

4.Įkaitinkite orkaitę iki 200 C. Tortilijas supjaustykite juostelėmis ir paskleiskite ant kepimo skardos. Kepkite 15 minučių.

5. Į trintuvą sudėkite visus padažo ingredientus ir plakite iki vientisos masės.

6. Dubenyje sumaišykite visus salotų ingredientus, ant viršaus uždėkite tortilijos juosteles ir padažą, patiekite.

50. Juodas Hummus įvyniojimas

Virimo laikas: 15 minučių

Porcijos: 4

INGRIDIENTAI

450 g universalių miltų

1 paprika, susmulkinta

3 šaukštai šalto daržovių sutrumpinimo

113 g grybų, supjaustytų

128 g šviežių špinatų

1 arbatinis šaukštelis druskos

1 valgomasis šaukštas alyvuogių aliejaus

2 arbatinius šaukštelius kepimo miltelių

64 g kukurūzų, nuplauti ir nusausinti

375 ml vandens

½ skardinės juodųjų pupelių, nuplauti ir nusausinti

130 g humuso

½ avokado, supjaustyto

1 skrudinta poblano

1 svogūnas, susmulkinti pipirai, susmulkinti

KRYPTYS

1. Dubenyje sumaišyti miltus, druską, kepimo miltelius ir daržovių trintuvus. Gerai išmaišykite rankomis, kol viskas susimaišys.

2.Lėtai pilkite vandenį ir rankomis minkykite tešlą. Miltai turi sugerti skystį, gausis vientisa tešla.

3.Iš tešlos suformuokite rutuliukus, po vieną dėkite į tortilijų presą. Paspauskite, kad suformuotumėte tortilijas.

4.Įkaitinkite ketaus keptuvę ant vidutinės ugnies. Sudėkite tortilijas po vieną ir kepkite apie 30-40 sekundžių iš kiekvienos pusės.

5.Įkaitinkite orkaitę iki 220 laipsnių C. Paruoškite kepimo skardą ir išklokite ją kepimo popieriumi.

6.Keptuvėje ant vidutinės ugnies įkaitinkite aliejų. Suberkite svogūną ir kepkite apie 2-3 minutes.

7.Sudėkite grybus ir kukurūzus ir kepkite dar apie 2 minutes.

8. Ant kiekvienos tortilijos paskleiskite humusą. Ant viršaus uždėkite daržovių mišinio, avokado, špinatų, pupelių ir poblano pipirų.

9.Susukite į vyniotinius ir dėkite ant kepimo skardos. Kepkite 8-10 minučių.

51. Veganiški tacos

Virimo laikas: 15 minučių

Porcijos: 6

INGRIDIENTAI

260 g masa harina tortiljoms

250 ml karšto vandens

2 šaukštai vandens, kambario temperatūros

KRYPTYS

1. Dubenyje sumaišykite masa harina ir karštą vandenį. Uždenkite ir palikite pailsėti apie 30 minučių.

2.Minkyti tešlą, pilant kambario temperatūros vandenį. Minkykite, kol gausite vientisą tešlą.

3. Abi tortilijų preso puses išklokite pergamentiniu popieriumi arba Ziploc maišeliais. Iš tešlos suformuokite rutuliukus, po vieną dėkite į tortilijų presą. Paspauskite, kad suformuotumėte tortilijas.

4.Įkaitinkite ketinį ant vidutinės ugnies. Po vieną sudėkite tortilijas ir kepkite apie 15-20 sekundžių iš kiekvienos pusės.

5. Keptuvėje ant vidutinės ugnies įkaitinkite aliejų. Sudėkite svogūną ir jalapeno ir kepkite apie 5 minutes.

6.Pupeles su skysčiu suberkite į puodą ir virkite apie 2-3 minutes ant vidutinės ugnies, dažnai maišydami.

7. Ant kiekvienos tortilijos paskleiskite pupeles, suberkite chorizo ir ant viršaus uždėkite svogūnų jalapeno mišinį. Patiekite užbarstę kalendra.

52. Saldžiųjų bulvių avokadas ir juodųjų pupelių tacos

Virimo laikas: 25 minutės

Porcijos: 6

INGRIDIENTAI

260 g masa harina tortiljoms

250 ml karšto vandens

2 šaukštai vandens

790 g saldžiųjų bulvių, nuskustų ir supjaustytų gabalėliais

1 valgomasis šaukštas alyvuogių aliejaus

1 arbatinis šaukštelis čili miltelių

1 skardinė (400 g) juodųjų pupelių be druskos, nuplaunama ir nusausinta

125 ml salsa verde

1 avokadas, plonais griežinėliais

32 g fetos sūrio, trupinto

Smulkinta kalendra, patiekimui

KRYPTYS

1. Dubenyje sumaišykite masa harina ir karštą vandenį. Uždenkite ir palikite pailsėti apie 30 minučių.

2.Minkyti tešlą, pilant kambario temperatūros vandenį. Minkykite, kol gausite vientisą tešlą.

3. Abi tortilijų preso puses išklokite pergamentiniu popieriumi arba Ziploc maišeliais. Iš tešlos suformuokite rutuliukus, po vieną dėkite į tortilijų presą. Paspauskite, kad suformuotumėte tortilijas.

4.Įkaitinkite ketinį ant vidutinės ugnies. Po vieną sudėkite tortilijas ir kepkite apie 15-20 sekundžių iš kiekvienos pusės.

5.Įkaitinkite orkaitę iki 220 C.

6. Supilkite saldžiąsias bulves su alyvuogių aliejumi, čili milteliais ir druska. . Sudėkite bulves ant kepimo skardos ir kepkite 30 minučių.

7. Keptuvėje sumaišykite juodąsias pupeles su salsa verde. Virkite ant vidutinės ugnies 3-4 minutes, dažnai maišydami.

8. Patiekite bulves, pupeles su avokadu ant tortilijų, užpilkite feta ir kalendra.

53. Šoninės, kiaušinių ir grybų burritos

Virimo laikas: 25 minutės

Porcijos: 6

INGRIDIENTAI

450 g universalių miltų

12 kiaušinių, išplaktų

3 šaukštai šalto daržovių sutrumpinimo

6 šoninės griežinėliai, virti

1 valgomasis šaukštas aliejaus

1 arbatinis šaukštelis druskos

113 g grybų, supjaustytų griežinėliais

2 arbatinius šaukštelius kepimo miltelių

113 g rukolos

375 ml vandens

Druska, pipirai, pagal skonį

KRYPTYS

1. Dubenyje sumaišyti miltus, druską, kepimo miltelius ir daržovių trintuvus. Gerai išmaišykite rankomis, kol viskas susimaišys.

2.Lėtai pilkite vandenį ir rankomis minkykite tešlą. Miltai turi sugerti skystį, gausis vientisa tešla.

3.Iš tešlos suformuokite rutuliukus, po vieną dėkite į tortilijų presą. Paspauskite, kad suformuotumėte tortilijas.

4.Įkaitinkite ketaus keptuvę ant vidutinės ugnies. Sudėkite tortilijas po vieną ir kepkite apie 30-40 sekundžių iš kiekvienos pusės.

5. Keptuvėje ant vidutinės ugnies įkaitinkite aliejų. Sudėkite grybus ir kepkite apie 2 minutes. Sudėkite rukolą ir kepkite dar apie 1 minutę.

6.Į keptuvę supilkite kiaušinius, pagardinkite druska ir pipirais. Virkite, kol sustings, dažnai maišydami.

7. Padalinkite kiaušinių mišinį tarp tortilijų, ant viršaus uždėkite šoninės. Sulenkite į buritus ir patiekite.

54. Šoninės ir kiaušinių Quesadillas

Virimo laikas: 25 minutės

Porcijos: 4

INGRIDIENTAI

450 g universalių miltų

3 šaukštai šalto daržovių patrumpinimo

1 arbatinis šaukštelis druskos

2 arbatinius šaukštelius kepimo miltelių

375 ml vandens

8 kiaušiniai, sumušti

4 šoninės griežinėliai, virti, supjaustyti

128 g Čedaro sūrio, susmulkinto

32 g žalių svogūnų, susmulkintų

Druska, pipirai, pagal skonį

KRYPTYS

1. Dubenyje sumaišyti miltus, druską, kepimo miltelius ir daržovių trintuvus. Gerai išmaišykite rankomis, kol viskas susimaišys.

2.Lėtai pilkite vandenį ir rankomis minkykite tešlą. Miltai turi sugerti skystį, gausis vientisa tešla.

3.Iš tešlos suformuokite rutuliukus, po vieną dėkite į tortilijų presą. Paspauskite, kad suformuotumėte tortilijas.

4.Įkaitinkite ketaus keptuvę ant vidutinės ugnies. Sudėkite tortilijas po vieną ir kepkite apie 30-40 sekundžių iš kiekvienos pusės.

5. Ant kiekvienos tortilijos užpilkite sūrio, svogūnų ir šoninės mišinio. Ant vidutinės ugnies įkaitinkite nepridegančią keptuvę.

6. Į keptuvę įpilkite kiaušinių mišinio ir dažnai maišydami kepkite, kol sustings. Ant kiekvienos tortilijos uždėkite kiaušinių mišinio, užlenkite.

7. Skrudinkite Quesadillas ant keptuvės ir patiekite.

55. Viso grūdo tortilijos

Virimo laikas: 15 minučių

Porcijos: 12

INGRIDIENTAI

256 g viso grūdo duonos miltų

64 g universalių miltų

1 arbatinis šaukštelis kepimo miltelių

1 arbatinis šaukštelis druskos

64 g patrumpinimas

65 ml verdančio vandens

KRYPTYS

1.Dubenyje sumaišykite miltus, druską ir kepimo miltelius. Sudėkite patrumpinimą, gerai išmaišykite rankomis, kol viskas susimaišys.

2.Lėtai pilkite vandenį ir rankomis minkykite tešlą. Miltai turi sugerti skystį, gausis vientisa tešla.

3.Iš tešlos suformuokite rutuliukus, po vieną dėkite į tortilijų presą. Paspauskite, kad suformuotumėte tortilijas.

4.Įkaitinkite ketaus keptuvę ant vidutinės ugnies. Sudėkite tortilijas po vieną ir kepkite apie 30-40 sekundžių iš kiekvienos pusės.

56. Tuno, obuolio ir avokado įvyniojimas

Virimo laikas: 20 minučių

Porcijos: 6

INGRIDIENTAI

256 g viso grūdo duonos miltų

1 obuolys, susmulkintas

64 g universalių miltų

2 arbatinius šaukštelius citrinos sulčių

1 arbatinis šaukštelis kepimo miltelių

2 šaukštai šviežių

1 arbatinis šaukštelis druskos

petražolės, kapotos

64 g patrumpinimas

2 arbatinius šaukštelius alyvuogių aliejaus

65 ml verdančio vandens

½ arbatinio šaukštelio kmynų

280 g tuno, nuplauti ir nusausinti

1 avokadas, plonais griežinėliais

250 g laisvai supakuotos rukolos

KRYPTYS

1.Dubenyje sumaišykite miltus, druską ir kepimo miltelius. Sudėkite patrumpinimą, gerai išmaišykite rankomis, kol viskas susimaišys.

2.Lėtai pilkite vandenį ir rankomis minkykite tešlą. Miltai turi sugerti skystį, gausis vientisa tešla.

3.Iš tešlos suformuokite rutuliukus, po vieną dėkite į tortilijų presą. Paspauskite, kad suformuotumėte tortilijas.

4.Įkaitinkite ketaus keptuvę ant vidutinės ugnies. Sudėkite tortilijas po vieną ir kepkite apie 30-40 sekundžių iš kiekvienos pusės.

5.Apšlakstykite obuolį citrinos sultimis ir suvyniokite į plėvelę, laikykite šaldytuve bent 20 minučių.

6.Sumaišykite obuolį, tuną, petražoles, aliejų ir kmynus. Pagardinkite druska ir pipirais.

7. Sudėkite rukolą ir gerai išmaišykite, kad padengtumėte. Ant tortilijų dėkite avokado griežinėlius, ant viršaus uždėkite rukolos salotų ir tuną. Tvirtai suvyniokite ir patiekite.

57. Špinatų kalakutienos įvyniojimai

Virimo laikas: 20 minučių

Porcijos: 4

INGRIDIENTAI

225 g universalių miltų

64 g česnako ir svogūno

1 1/2 šaukšto šalto daržovių patrumpinimo

grietinėlės sūris, susmulkintas

1/2 arbatinio šaukštelio česnako miltelių

1/2 arbatinio šaukštelio druskos

200 g Monterey Jack

1 arbatinis šaukštelis kepimo miltelių

190 ml vandens

192 g saldžiųjų raudonųjų pipirų, supjaustytų griežinėliais

280 g kalakutienos delikateso, plonais griežinėliais

64 g žalių svogūnų, susmulkintų

200 g šviežių špinatų

4 šaukštai rančo salotų padažo

KRYPTYS

1.Dubenyje sumaišykite miltus, druską ir kepimo miltelius. Sudėkite patrumpinimą, gerai išmaišykite rankomis, kol viskas susimaišys.

2.Lėtai pilkite vandenį ir rankomis minkykite tešlą. Miltai turi sugerti skystį, gausis vientisa tešla.

3.Iš tešlos suformuokite rutuliukus, po vieną dėkite į tortilijų presą. Paspauskite, kad suformuotumėte tortilijas.

4.Įkaitinkite ketaus keptuvę ant vidutinės ugnies. Sudėkite tortilijas po vieną ir kepkite apie 30-40 sekundžių iš kiekvienos pusės.

5.Kiekvieną tortiliją užtepkite kreminiu sūriu. Pabarstykite česnako milteliais.

6.Ant viršaus uždėkite špinatų, kalakutienos, sūrio, raudonųjų pipirų ir svogūnų. . Sudėkite likusius špinatus.

7.Apšlakstykite padažu ir sandariai susukite Tortilijas suktinukais. Suvyniokite suktinukus į plastikinę plėvelę ir šaldykite iki patiekimo.

58. Kumpio sūrio tortilijos įvyniojimai

Virimo laikas: 15 minučių

Porcijos: 4

INGRIDIENTAI

225 g universalių miltų

4 šaukštai grietinės

1 1/2 šaukšto šalto

4 šaukštai kapotų alyvuogių

daržovių trumpinimas

2 šaukštai žaliųjų čili pipirų, nusausinti, supjaustyti

1/2 arbatinio šaukštelio druskos

1 arbatinis šaukštelis kepimo miltelių

2 šaukštai žalių svogūnų, susmulkintų

190 ml vandens

256 g virto kumpio, susmulkinto

Druska, pagal skonį

225 g kreminio sūrio, suminkštinto

KRYPTYS

1.Dubenyje sumaišykite miltus, druską ir kepimo miltelius. Sudėkite patrumpinimą, gerai išmaišykite rankomis, kol viskas susimaišys.

2.Lėtai pilkite vandenį ir rankomis minkykite tešlą. Miltai turi sugerti skystį, gausis vientisa tešla.

3.Iš tešlos suformuokite rutuliukus, po vieną dėkite į tortilijų presą. Paspauskite, kad suformuotumėte tortilijas.

4.Įkaitinkite ketaus keptuvę ant vidutinės ugnies. Sudėkite tortilijas po vieną ir kepkite apie 30-40 sekundžių iš kiekvienos pusės.

5. Dubenyje sumaišykite kreminį sūrį, grietinę ir čederio sūrį, gerai išplakite, kad susimaišytų.

6. Sudėkite kumpį, alyvuoges, žalius čili, žalius svogūnus, česnako miltelius ir druską.

7.Užtepkite mišinį ant kiekvienos tortilijos ir susukite į vyniotinius. . Šaldykite 1-2 valandas.

8. Supjaustykite įvyniojimus kąsnio dydžio gabalėliais ir patiekite.

59. Avokadų, juodųjų pupelių ir fetos įvyniojimai

Virimo laikas: 30 minučių

Porcijos: 8

INGRIDIENTAI

450 g universalių miltų

3 šaukštai šalto daržovių patrumpinimo

1 arbatinis šaukštelis druskos

2 arbatinius šaukštelius kepimo miltelių

375 ml vandens

128 g quinoa

500 ml puodeliai vandens + 65 ml

1 avokadas, nuluptas, be kauliukų, supjaustytas kubeliais

1 skardinė juodųjų pupelių, nusausinti ir nuplauti

4 šaukštai Fetos sūrio, susmulkinto

4 šaukštai Monterey Jack sūrio, susmulkinti

42 g tahini

$\frac{1}{4}$ arbatinio šaukštelio kmynų

1 arbatinis šaukštelis kapotos kalendros

2 šaukštai citrinos sulčių

Druska, pagal skonį

KRYPTYS

1.Dubenyje sumaišykite miltus, druską ir kepimo miltelius. Sudėkite patrumpinimą, gerai išmaišykite rankomis, kol viskas susimaišys.

2.Lėtai pilkite vandenį ir rankomis minkykite tešlą. Miltai turi sugerti skystį, gausis vientisa tešla.

3.Iš tešlos suformuokite rutuliukus, po vieną dėkite į tortilijų presą. Paspauskite, kad suformuotumėte tortilijas.

4.Įkaitinkite ketaus keptuvę ant vidutinės ugnies. Sudėkite tortilijas po vieną ir kepkite apie 30-40 sekundžių iš kiekvienos pusės.

5. Į trintuvą arba virtuvinį kombainą įpilkite avokado, tahini, kmynų, kalendros, druskos ir citrinos sulčių ir plakite iki vientisos masės.

6.Įpilkite 65 ml vandens ir dar kartą išmaišykite.

7.Į puodą įpilkite 500 ml vandens ir kvinojos ir užvirinkite. Sumažinkite ugnį iki minimumo, uždenkite keptuvę ir virkite quinoa 10-15 minučių.

8. Ant kiekvienos tortilijos užtepkite avokado padažą, ant viršaus uždėkite pupelių ir quinoa, pabarstykite druska, suberkite fetą ir Monterey jack sūrį ir suvyniokite. Pakartokite su visomis tortilijomis ir patiekite.

60. Taco Hobo pakuotės

Virimo laikas: 30 minučių

Porcijos: 6

INGRIDIENTAI

260 g masa harina tortiljoms

2 šaukštai alyvuogių aliejaus

250 ml karšto vandens

1 nedidelis raudonasis svogūnas, plonais griežinėliais

2 šaukštai vandens

1 1/2 arbatinio šaukštelio druskos

1/2 arbatinio šaukštelio maltų juodųjų pipirų

1 cukinija, perpjauta per pusę ir griežinėliais

6 šaukštai pomidorų salsos

6 kiaušiniai

2 paprikos, nuluptos, be sėklų, plonais griežinėliais

1 skardinė (400 ml) juodųjų pupelių, nusausintų, nuplautų

128 g atšildytų šaldytų kukurūzų

KRYPTYS:

1. Dubenyje sumaišykite masa harina ir karštą vandenį. Uždenkite ir palikite pailsėti apie 30 minučių.

2.Minkyti tešlą, pilant kambario temperatūros vandenį. Minkykite, kol gausite vientisą tešlą.

3. Abi tortilijų preso puses išklokite pergamentiniu popieriumi arba Ziploc maišeliais. Iš tešlos suformuokite rutuliukus, po vieną dėkite į tortilijų presą. Paspauskite, kad suformuotumėte tortilijas.

4.Įkaitinkite ketinį ant vidutinės ugnies. Po vieną sudėkite tortilijas ir kepkite apie 15-20 sekundžių iš kiekvienos pusės.

5.Iškirpkite 12 folijos gabalėlių, 2 dalis sudėkite vieną ant kitos, kad gautumėte 6 rietuves. Iškirpkite tokio paties dydžio pergamentinio popieriaus gabalėlius ir uždėkite ant kiekvienos folijos krūvos.

6. Dubenyje sumaišykite pupeles, kukurūzus, cukinijas, svogūną, aliejų, pipirus, druską ir tolygiai paskirstykite mišinį tarp krūvelių. Uždėkite kiekvieną pakuotę ir sulenkite, kad užsandarintumėte.

7.Įkaitinkite orkaitę iki 220 C, sudėkite rietuves ant kepimo skardos ir apie 15 min.

8. Tortilijas suvyniokite į foliją ir kepkite 8 minutes. Iškepus išimkite rietuves iš orkaitės, padėkite ant lygaus paviršiaus ir šiek tiek atlenkite.

9.Į kiekvieną krūvelę (ne tortilijų) įmuškite po kiaušinį ir įberkite pipirų bei druskos. Dar kartą sulenkite ir kepkite orkaitėje 5 minutes.

10. Kai iškeps, išimkite iš orkaitės ir patiekite kiekvieną karštą krūvelę su 2 šiltomis tortilijomis.

61. Susmulkintos jautienos flautas

Virimo laikas: 45 minutės

Porcijos: 6

INGRIDIENTAI:

450 g universalių miltų

5 šaukštai augalinio aliejaus

3 šaukštai šalto daržovių sutrumpinimo

120 ml pomidorų padažo

2 svogūnai, susmulkinti, padalinti

1 arbatinis šaukštelis druskos

3 česnako skiltelės, susmulkintos, padalytos į tris dalis

2 arbatinius šaukštelius kepimo miltelių

375 ml vandens

1 arbatinis šaukštelis druskos, padalintas

0,9 kg jautienos blokas be kaulų, kubeliais

1 šviežias jalapeno čili, be sėklų, susmulkintas

364 g ledo salotų, susmulkintų

2 šaukštai alyvuogių aliejaus

¾ arbatinio šaukštelio maltų kmynų

KRYPTYS:

1. Dubenyje sumaišyti miltus, druską, kepimo miltelius ir daržovių trintuvus. Gerai išmaišykite rankomis, kol viskas susimaišys.

2.Lėtai pilkite vandenį ir rankomis minkykite tešlą. Miltai turi sugerti skystį, gausis vientisa tešla.

3.Iš tešlos suformuokite rutuliukus, po vieną dėkite į tortilijų presą. Paspauskite, kad suformuotumėte tortilijas.

4.Įkaitinkite ketinį ant vidutinės ugnies. Sudėkite tortilijas po vieną ir kepkite apie 30-40 sekundžių iš kiekvienos pusės.

5.Į puodą suberkite jautieną, 1 porciją svogūno ir česnako, druskos, užpilkite vandeniu ir užvirkite. Palikite puodą šiek tiek uždengtą ir virkite, kol mėsa suminkštės.

6. Išvirus, leiskite jam šiek tiek atvėsti, tada nusausinkite, sutaupydami 1/3 puodelio sultinio. Mėsą susmulkinkite šakute.

7.Keptuvėje ant vidutinės-mažos ugnies įkaitinkite alyvuogių aliejų. Sudėkite likusį česnaką, svogūną ir kepkite 3 minutes.

8.Įpilkite jautienos, pomidorų padažo, rezervuoto sultinio, kmynų, pipirų, druskos, čili ir virkite 5 minutes, retai maišydami. Kai iškeps, nukelkite nuo ugnies ir leiskite atvėsti.

9.Imkite tortilijas po vieną ir į centrą dėkite 2 apvalius šaukštus įdaro, susukite, kad apsemtų, galus sutvirtinkite mediniais pagaliukais ir apvyniokite tortilijas plastikine plėvele.

10.Keptuvėje ant vidutinės-stiprios ugnies įkaitinkite augalinį aliejų. Kepkite tortilijas dalimis 2 minutes, dažnai vartydami. Kai keps, sudėkite juos į popierinį rankšluostį.

11. Padalinkite salotas į 6 lėkštes ir kiekvienoje patiekite po 2 tortilijas.

62. Kepsnys Fajitas Su kopūstais ir laiškiniais svogūnais

Virimo laikas: 30 minučių

Porcijos: 8

INGRIDIENTAI:

450 g universalių miltų

1 arbatinis šaukštelis svogūnų miltelių

3 šaukštai šalto daržovių patrumpinimo

1 arbatinis šaukštelis druskos

1/2 vidutinio žalio kopūsto galvos, susmulkintos

1 arbatinis šaukštelis druskos

2 arbatinius šaukštelius kepimo miltelių

3 šaukštai šviežių laimo sulčių

375 ml vandens

6 šaukštai alyvuogių aliejaus, padalinti

0,9 kg sijono kepsnys, supjaustytas

1 krūva laiškinių svogūnų, supjaustytų į 4 dalis

1 didelis baltas svogūnas, supjaustytas per pusę

60 ml alyvuogių aliejaus

60 ml šviežių laimo sulčių

1/4 mažo raudonojo svogūno, smulkiai supjaustyto

2 šaukštai susmulkintos šviežios kalendros

1 valgomasis šaukštas kapotos kalendros

4 česnako skiltelės, nuluptos

šviežiai malti pipirai ir druska pagal skonį

3 šaukštai rūkytos ispaniškos paprikos

1 valgomasis šaukštas maltų kmynų

KRYPTYS:

1. Dubenyje sumaišyti miltus, druską, kepimo miltelius ir daržovių trintuvus. Gerai išmaišykite rankomis, kol viskas susimaišys.

2.Lėtai pilkite vandenį ir rankomis minkykite tešlą. Miltai turi sugerti skystį, gausis vientisa tešla.

3.Iš tešlos suformuokite rutuliukus, po vieną dėkite į tortilijų presą. Paspauskite, kad suformuotumėte tortilijas.

4.Įkaitinkite ketinį ant vidutinės ugnies. Sudėkite tortilijas po vieną ir kepkite apie 30-40 sekundžių iš kiekvienos pusės.

5. Sumaišykite laimo sultis, česnaką, aliejų, kalendrą, papriką, druską, svogūnų miltelius ir kmynus. Sumaišius, sudėkite į sandarų plastikinį maišelį.

6.Sudėkite kepsnį į marinato maišelį, sandariai uždarykite ir padėkite į šaldytuvą bent 4 valandoms (geresnis skonis atvėsęs per naktį).

7. Keptuvėje ant vidutinės-stiprios ugnies įkaitinkite 4 šaukštus aliejaus.

8.Įdėkite 1/2 susmulkinto kopūsto, laiškinius svogūnus, 1/2 baltojo svogūno, pipirų, druskos ir kepkite apie 12 minučių, retkarčiais pamaišydami. . Iškepus, nukelkite nuo ugnies, kad šiek tiek atvėstų.

9. Dideliame dubenyje sumaišykite likusius kopūstus, svogūnus, baltuosius ir raudonuosius svogūnus, tada įpilkite kalendros, žaliosios citrinos sulčių, 2 šaukštus aliejaus, pipirų ir druskos.

10 Išimkite kepsnį iš marinato, nukratykite marinato perteklių, pagardinkite pipirais ir druska. Išmeskite marinatą. Kepsnį kepkite ant grotelių apie 3 minutes iš kiekvienos pusės.

11.Kai iškeps, perkelkite ant pjaustymo lentos ir leiskite atvėsti maždaug 7 minutes prieš pjaustydami.

12. Patiekite kepsnį su šiltomis tortilijomis ir džiovinta čili salsa.

63. Aštrūs Chipotle vištienos tostadas

Virimo laikas: 2 valandos 30 minučių

Porcijos: 8

INGRIDIENTAI:

260 g masa harina tortiljoms

250 ml karšto vandens

2 šaukštai vandens, kambario temperatūros

0,9 kg nuluptų vištienos šlaunelių su kaulais

1 skardinė (830 ml) sveikų pomidorų, nusausintų

3 konservuoti chipotle čili adobo padaže

2 šaukštai adobo padažo

1 vidutinis baltas svogūnas, supjaustytas kubeliais

4 česnako skiltelės, susmulkintos

žiupsnelis maltų gvazdikėlių

1/4 arbatinio šaukštelio malto cinamono

1/2 arbatinio šaukštelio maltų juodųjų pipirų

1/4 arbatinio šaukštelio druskos

Aisbergo salotos, susmulkintos

balti svogūnai, plonais griežinėliais

Grietinė

queso freska

384 g juodųjų pupelių užtepėlės

daržovių aliejus

druskos

KRYPTYS:

1. Dubenyje sumaišykite masa harina ir karštą vandenį. Uždenkite ir palikite pailsėti apie 30 minučių.

2.Minkyti tešlą, pilant kambario temperatūros vandenį. Minkykite, kol gausite vientisą tešlą.

3. Abi tortilijų preso puses išklokite pergamentiniu popieriumi arba Ziploc maišeliais. Iš tešlos suformuokite rutuliukus, po vieną dėkite į tortilijų presą. Paspauskite, kad suformuotumėte tortilijas.

4.Įkaitinkite ketinį ant vidutinės ugnies. Po vieną sudėkite tortilijas ir kepkite apie 15-20 sekundžių iš kiekvienos pusės.

5. Paimkite didelį puodą, pripildykite 8 puodelius vandens, ir padėkite ant vidutinės-lėtos ugnies.

6.Įdėkite vištieną, pasūdykite ir virkite 45 minutes. Iškepusią vištieną nusausinkite, supjaustykite mažais gabalėliais ir išmeskite kaulus.

7. Sumaišykite pomidorus, adobo padažą, cinamoną, gvazdikėlius, pipirus ir čili trintuve ir trinkite, kol paruduos.

8. Keptuvėje ant vidutinės-stiprios ugnies įkaitinkite šiek tiek aliejaus.

9.Sudėkite svogūnus ir kepkite 8 minutes, retai maišydami.

10.Įdėkite česnako ir virkite 3 minutes.

11.Įpilkite pomidorų mišinio, sumažinkite ugnį ir virkite 30 minučių šiek tiek uždengę.

12.Sudėkite vištieną, virkite retai maišydami apie 10 minučių ir galiausiai įberkite druskos pagal skonį.

13. Į keptuvę įpilkite 1 colio aliejaus. Kepkite tortilijas dalimis 2 minutes, apversdami kas 30 sekundžių.

14. Iškepus tortilijas sudėkite ant popierinių rankšluosčių, kad nudžiūtų aliejus.

15.Apdorokite kiekvieną tortiliją, padėdami ant lygaus paviršiaus, tada aptepkite 1 šaukštu juodųjų pupelių užtepėlės. . Į vidurį įdėkite 1/4 puodelio aštraus vištienos užpilo, salotų lapų, svogūnų, grietinės ir queso fresco. . Susukite ir užsandarinkite galus ir jis paruoštas patiekti.

64. Vištienos pesto vyniotiniai

Virimo laikas: 5 minutės

Porcijos: 4

INGRIDIENTAI:

450 g universalių miltų

3 šaukštai šalto daržovių patrumpinimo

1 arbatinis šaukštelis druskos

2 arbatinius šaukštelius kepimo miltelių

375 ml vandens

256 g virtos, kubeliais pjaustytos vištienos

4 šaukštai pesto

1 morka, plonais griežinėliais

256 g šviežių kūdikių špinatų

1 raudona paprika, supjaustyta

KRYPTYS:

1. Dubenyje sumaišyti miltus, druską, kepimo miltelius ir daržovių trintuvus. Gerai išmaišykite rankomis, kol viskas susimaišys.

2.Lėtai pilkite vandenį ir rankomis minkykite tešlą. Miltai turi sugerti skystį, gausis vientisa tešla.

3.Iš tešlos suformuokite rutuliukus, po vieną dėkite į tortilijų presą. Paspauskite, kad suformuotumėte tortilijas.

4.Įkaitinkite ketinį ant vidutinės ugnies. Sudėkite tortilijas po vieną ir kepkite apie 30-40 sekundžių iš kiekvienos pusės.

5. Nedideliame dubenyje sumaišykite vištieną su pesto.

6.Padėkite tortilijas ant lygaus paviršiaus. Į kiekvienos tortilijos centrą įdėkite 1/4 špinatų, 1/4 pipirų, 1/4 morkų ir 1/4 vištienos. Susukite ir patiekite.

65. Tortilijos vištienos kulšelės

Virimo laikas: 1 val

Porcijos: 4

INGRIDIENTAI:

260 g masa harina tortiljoms

1 didelis kiaušinis

250 ml karšto vandens

1 arbatinis šaukštelis maltų kmynų

2 šaukštai vandens, kambario temperatūros

4 arbatiniai šaukšteliai čili miltelių, padalinti

10 vištienos kulšelių

KRYPTYS:

1. Dubenyje sumaišykite masa harina ir karštą vandenį. Uždenkite ir palikite pailsėti apie 30 minučių.

2.Minkyti tešlą, pilant kambario temperatūros vandenį. Minkykite, kol gausite vientisą tešlą.

3. Abi tortilijų preso puses išklokite pergamentiniu popieriumi arba Ziploc maišeliais. Iš tešlos suformuokite rutuliukus, po

vieną dėkite į tortilijų presą. Paspauskite, kad suformuotumėte tortilijas.

1.Įkaitinkite ketinį ant vidutinės ugnies. Po vieną sudėkite tortilijas ir kepkite apie 15-20 sekundžių iš kiekvienos pusės.

2.Įkaitinkite orkaitę iki 180 C ir išklokite tortilijas ant kepimo skardos. Kepkite 15 minučių. Iškeptas tortilijas sutrupinkite.

3. Dubenyje sumaišykite 2 šaukštus čili miltelių, 1/4 arbatinio šaukštelio druskos, kmynus ir sutrintas tortilijas.

4. Tada įmuškite kiaušinius, 2 arbatinius šaukštelius čili ir gerai išmaišykite.

5. Vištieną pabarstykite 1/2 arbatinio šaukštelio druskos ir pamerkite į kiaušinių mišinį.. Nukratykite perteklių ir pamerkite į sumaišytus tortilijos trupinius, kad pasidengtų ir priliptų. Perkelkite į kepimo skardą.

6.Įkaitinkite orkaitę iki 220 C ir ištepkite riebalais keturpusę kepimo formą.. Nevartydami kepkite 45 minutes. Iškepus, palikite atvėsti 5 minutes ir patiekite.

66. Jautienos Crunch Wraps

Virimo laikas: 20 minučių

Porcijos: 6

INGRIDIENTAI:

450 g universalių miltų

128 g meksikietiško sūrio, susmulkinto

3 šaukštai šalto daržovių sutrumpinimo

256 g salotų, susmulkintų

1 arbatinis šaukštelis druskos

1 pomidoras, supjaustytas kubeliais

2 arbatiniai šaukšteliai 32 g maltos kalendros

kepimo milteliai

1 laimas, sultys

375 ml vandens

120 ml grietinės

0,5 kg maltos jautienos

60 ml vandens

64 g queso freska

1 pakelis taco prieskonių

KRYPTYS:

1. Dubenyje sumaišyti miltus, druską, kepimo miltelius ir daržovių trintuvus. Gerai išmaišykite rankomis, kol viskas susimaišys.

2.Lėtai pilkite vandenį ir rankomis minkykite tešlą. Miltai turi sugerti skystį, gausis vientisa tešla.

3.Iš tešlos suformuokite rutuliukus, po vieną dėkite į tortilijų presą. Paspauskite, kad suformuotumėte tortilijas.

4.Įkaitinkite ketinį ant vidutinės ugnies. Sudėkite tortilijas po vieną ir kepkite apie 30-40 sekundžių iš kiekvienos pusės.

5.Kadinkite keptuvę ant vidutinės-stiprios ugnies 3 minutes. Įdėkite jautieną ir virkite 9 minutes, dažnai maišydami. Įpilkite vandens, taco prieskonių ir virkite 11 minučių.

6. Padėkite tortilijas ant lygaus paviršiaus, įdėkite 2 valgomuosius šaukštus queso, 125 g jautienos, 1 tostada, užtepkite grietinės, įdėkite pomidorų, kalendros, salotų lapų, šiek tiek žaliosios citrinos ir sūrio kiekvienos tortilijos viduryje. Susukite juos ir užsandarinkite galus.

7.Ištepkite keptuvę aliejumi ir padėkite ant vidutinės ugnies. Sudėkite vieną susuktą tortiliją į keptuvę ir kepkite, kol ji taps auksinės rudos spalvos. Darykite tą patį su kitomis tortilijomis, patiekite.

67. Kepta vištienos tortilija

Virimo laikas: 25 minutės

Porcijos: 6

INGRIDIENTAI:

450 g universalių miltų

192 g čederio sūrio, susmulkinto

3 šaukštai šalto daržovių patrumpinimo

85 g pjaustytų pomidorų

1 arbatinis šaukštelis druskos

240 ml salsos buteliuose, padalinta

2 arbatinius šaukštelius kepimo miltelių

240 ml grietinės

375 ml vandens

65 g susmulkinto svogūno

390 g virtos vištienos krūtinėlės, susmulkintos

85 g kapotų žaliųjų pipirų

kepimo purškalas

KRYPTYS:

1. Dubenyje sumaišyti miltus, druską, kepimo miltelius ir daržovių trintuvus. Gerai išmaišykite rankomis, kol viskas susimaišys.

2.Lėtai pilkite vandenį ir rankomis minkykite tešlą. Miltai turi sugerti skystį, gausis vientisa tešla.

3.Iš tešlos suformuokite rutuliukus, po vieną dėkite į tortilijų presą. Paspauskite, kad suformuotumėte tortilijas.

4.Įkaitinkite ketinį ant vidutinės ugnies. Sudėkite tortilijas po vieną ir kepkite apie 30-40 sekundžių iš kiekvienos pusės.

5. Dubenyje sumaišykite grietinę, 120 ml salsos ir tolygiai užtepkite ant kiekvienos tortilijos.

6. Į kiekvienos tortilijos vidurį įdėkite vištienos, pomidorų, svogūnų pipirų, tada susukite ir uždarykite galus.

7.Įkaitinkite orkaitę iki 176 C. Kepimo skardą ištepkite purškikliu, tada sudėkite tortilijas. Ant viršaus uždėkite likusią salsą ir kepkite 15 minučių. Pabarstykite sūriu ir kepkite dar 5 minutes ir patiekite.

68. Pepperoni Tortilla picos

Virimo laikas: 15 minučių

Porcijos: 12

INGRIDIENTAI:

450 g universalių miltų

384 g pomidorų, susmulkintų

3 šaukštai šalto daržovių sutrumpinimo

384 g mocarelos sūrio, susmulkinto

1 arbatinis šaukštelis druskos

128 g pipirų, susmulkintų

2 arbatinius šaukštelius kepimo miltelių

1/2 arbatinio šaukštelio susmulkintų džiovintų raudonėlio lapų

375 ml vandens

120 ml Pace Picante padažo

1 žalioji paprika, susmulkinta

KRYPTYS:

1. Dubenyje sumaišyti miltus, druską, kepimo miltelius ir daržovių trintuvus. Gerai išmaišykite rankomis, kol viskas susimaišys.

2.Lėtai pilkite vandenį ir rankomis minkykite tešlą. Miltai turi sugerti skystį, gausis vientisa tešla.

3.Iš tešlos suformuokite rutuliukus, po vieną dėkite į tortilijų presą. Paspauskite, kad suformuotumėte tortilijas.

4.Įkaitinkite ketinį ant vidutinės ugnies. Sudėkite tortilijas po vieną ir kepkite apie 30-40 sekundžių iš kiekvienos pusės.

5. Mažame dubenyje sumaišykite picante padažą, raudonėlį ir pomidorą.

6. Ant dviejų kepimo formų sudėkite tortilijas, kiekvieną tortiliją užtepkite 1/4 picante padažo mišinio, sūrio, pipirų ir pipirų.

7.Įkaitinkite orkaitę iki 200 C ir kepkite 9 minutes, tada kiekvieną tortiliją supjaustykite į 4 skilteles. Patiekite karštą.

69. Kesadilijos su salsa

Virimo laikas: 10 minučių

Porcijos: 6

INGRIDIENTAI:

450 g universalių miltų

3 šaukštai šalto daržovių patrumpinimo

1 arbatinis šaukštelis druskos

2 arbatinius šaukštelius kepimo miltelių

375 ml vandens

384 g Monterey Jack sūrio, susmulkinto

180 ml stambios salsos

2 žalieji svogūnai, supjaustyti

2 šaukštai rapsų aliejaus

KRYPTYS:

1. Dubenyje sumaišyti miltus, druską, kepimo miltelius ir daržovių trintuvus. Gerai išmaišykite rankomis, kol viskas susimaišys.

2.Lėtai pilkite vandenį ir rankomis minkykite tešlą. Miltai turi sugerti skystį, gausis vientisa tešla.

3.Iš tešlos suformuokite rutuliukus, po vieną dėkite į tortilijų presą. Paspauskite, kad suformuotumėte tortilijas.

4.Įkaitinkite ketinį ant vidutinės ugnies. Sudėkite tortilijas po vieną ir kepkite apie 30-40 sekundžių iš kiekvienos pusės.

5.Padėkite tortilijas ant lygaus paviršiaus ir nuvalykite kraštelius vandeniu.

6. Ant pusės kiekvienos tortilijos uždėkite 65 g sūrio, 1 valgomąjį šaukštą salsos ir 2 arbatinius šaukštelius svogūnų, tada sulenkite ir paspauskite, kad užsidarytų.

7. Keptuvėje įkaitinkite aliejų ant vidutinio stiprumo. . Pakepinkite Quesadillas porcijomis iki auksinės rudos spalvos, tada patiekite su salsa.

70. Pupelių ir sūrio kesadilijos

Virimo laikas: 10 minučių

Porcijos: 6

INGRIDIENTAI:

450 g universalių miltų

473 g pupelių, keptų

3 šaukštai šalto daržovių sutrumpinimo

120 ml Pace Picante padažo

256 g Monterey Jack sūrio, susmulkinto

1 arbatinis šaukštelis druskos

2 arbatinius šaukštelius kepimo miltelių

2 žalieji svogūnai, supjaustyti

375 ml vandens

KRYPTYS:

1. Dubenyje sumaišyti miltus, druską, kepimo miltelius ir daržovių trintuvus. Gerai išmaišykite rankomis, kol viskas susimaišys.

2.Lėtai pilkite vandenį ir rankomis minkykite tešlą. Miltai turi sugerti skystį, gausis vientisa tešla.

3.Iš tešlos suformuokite rutuliukus, po vieną dėkite į tortilijų presą. Paspauskite, kad suformuotumėte tortilijas.

4.Įkaitinkite ketinį ant vidutinės ugnies. Sudėkite tortilijas po vieną ir kepkite apie 30-40 sekundžių iš kiekvienos pusės.

5. Dubenyje sumaišykite pupeles ir padažą.

6. Ant dviejų kepimo formų sudėkite 6 tortilijas ir aptepkite kraštelius vandeniu.

7. Ant pusės kiekvienos tortilijos uždėkite 86 g pupelių mišinio, svogūno ir sūrio, uždenkite likusiomis tortilijomis ir paspauskite, kad užsandarintumėte.

8.Įkaitinkite orkaitę iki 200 C ir kepkite 9 minutes. Kiekvieną kesadiliją supjaustykite į 4 skilteles. Patiekite karštą.

71. Vištienos tortilijos troškinys

Virimo laikas: 52 minutės

Porcijos: 8

INGRIDIENTAI:

450 g universalių miltų

3 šaukštai šalto daržovių patrumpinimo

1 arbatinis šaukštelis druskos

2 arbatinius šaukštelius kepimo miltelių

375 ml vandens

0,9 kg vištienos krūtinėlės, virtos ir susmulkintos

1 skardinė kukurūzų, nusausinta

1 skardinė juodųjų pupelių, nusausintų

512 g čederio sūrio, susmulkinto

1 svogūnas, susmulkintas

1 skardinė pjaustytų pomidorų

240 ml vištienos sultinio

830 ml pomidorų padažo

1 valgomasis šaukštas alyvuogių aliejaus

1 arbatinis šaukštelis česnako miltelių

2 arbatiniai šaukšteliai čili miltelių

1 arbatinis šaukštelis kmynų

1/2 arbatinio šaukštelio druskos

KRYPTYS:

1. Dubenyje sumaišyti miltus, druską, kepimo miltelius ir daržovių trintuvus. Gerai išmaišykite rankomis, kol viskas susimaišys.

2.Lėtai pilkite vandenį ir rankomis minkykite tešlą. Miltai turi sugerti skystį, gausis vientisa tešla.

3.Iš tešlos suformuokite rutuliukus, po vieną dėkite į tortilijų presą. Paspauskite, kad suformuotumėte tortilijas.

4.Įkaitinkite ketinį ant vidutinės ugnies. Sudėkite tortilijas po vieną ir kepkite apie 30-40 sekundžių iš kiekvienos pusės.

5. Keptuvėje ir ant vidutinės-stiprios ugnies įkaitinkite alyvuogių aliejų. Suberkite svogūnus ir maišykite, kol suminkštės.

6.Suberkite juodąsias pupeles, pomidorų padažą, čili miltelius, Rotel kubeliais pjaustytus pomidorus, česnako miltelius, kmynus, vištienos sultinį, druską ir virkite 10 min.

7.Kepimo formą ištepkite riebalais. Kepimo formos dugną ištepkite šiek tiek padažo ir ant jo išklokite 6 tortilijas.

8. Ant tortilijų uždėkite vištienos, padažo ir sūrio sluoksnį ir pridėkite dar 6 tortilijas. Dar kartą sudėkite vištienos, padažo ir sūrio sluoksnius.

9.Sudėkite likusias tortilijas, tada sluoksniuokite su sūriu.

10.Orkaitę įkaitinkite iki 190 C. Apvyniokite folija ir kepkite 31 min. Tada išimkite iš folijos. Kepkite dar 10 minučių, kol sūris išsilydys ir užvirs. Išimkite iš orkaitės ir patiekite po 10 minučių.

72. Pusryčių dešros tortilijos

Virimo laikas: 13 minučių

Porcijos: 10

INGRIDIENTAI:

450 g universalių miltų

6 kiaušiniai

3 šaukštai šalto daržovių sutrumpinimo

450 g maltos kiaulienos dešros

128 g colby-jack sūrio, susmulkinto

1 arbatinis šaukštelis druskos

2 arbatinius šaukštelius kepimo miltelių

daržovių kepimo purškalas

375 ml vandens

2 šaukštai vandens

KRYPTYS:

1. Dubenyje sumaišyti miltus, druską, kepimo miltelius ir daržovių trintuvus. Gerai išmaišykite rankomis, kol viskas susimaišys.

2.Lėtai pilkite vandenį ir rankomis minkykite tešlą. Miltai turi sugerti skystį, gausis vientisa tešla.

3.Iš tešlos suformuokite rutuliukus, po vieną dėkite į tortilijų presą. Paspauskite, kad suformuotumėte tortilijas.

4.Įkaitinkite ketinį ant vidutinės ugnies. Sudėkite tortilijas po vieną ir kepkite apie 30-40 sekundžių iš kiekvienos pusės.

5.Įkaitinkite orkaitę iki 120 C, 9 minutes pakaitinkite tortilijas, laisvai apvyniotas folija.

6.Kiaulieną kepkite keptuvėje ant vidutinės-stiprios ugnies 9 minutes retkarčiais pamaišydami. Išimkite iš keptuvės.

7. Kiaušinius sumaišykite su 2 šaukštais vandens, tada užtepkite kepimo purškalo ant keptuvės.

8. Išvalykite keptuvę, padėkite ant vidutinės ugnies. Kepkite kiaušinius keptuvėje 3 minutes neapversdami, tada kepkite dar 2 minutes, retkarčiais apversdami.

9.Į tortilijas įpilkite kiaušinių, dešros ir sūrio, tada susukite. Jei norite, patiekite su grietine.

73. Saldžiųjų bulvių, grybų ir juodųjų pupelių burrito

Virimo laikas: 22 minutės

Porcijos: 4

INGRIDIENTAI:

450 g universalių miltų

3 šaukštai šalto daržovių patrumpinimo

1 arbatinis šaukštelis druskos

2 arbatinius šaukštelius kepimo miltelių

375 ml vandens

512 g juodųjų pupelių, nuplautų, nusausintų

256 g grybų, supjaustytų griežinėliais

192 g greitai paruošiamų baltųjų ryžių

1 vidutinė saldžioji bulvė, tarkuota

160 ml meksikietiškos salsos, padalinta

1 avokadas, supjaustytas kubeliais

192 g Monterey Jack sūrio, tarkuoto

140 g kūdikių špinatų

1 laimas, perpjautas per pusę

80 ml grietinės

2 šaukštai augalinio aliejaus, padalinti

1/2 vidutinio raudonojo svogūno, plonais griežinėliais

4 šaukštai kapotos kalendros, padalintos

1 arbatinis šaukštelis maltų kmynų, padalintas

1/2 arbatinio šaukštelio kajeno pipirų, padalinta

1 arbatinis šaukštelis druskos, padalintas

KRYPTYS:

1. Dubenyje sumaišyti miltus, druską, kepimo miltelius ir daržovių trintuvus. Gerai išmaišykite rankomis, kol viskas susimaišys.

2.Lėtai pilkite vandenį ir rankomis minkykite tešlą. Miltai turi sugerti skystį, gausis vientisa tešla.

3.Iš tešlos suformuokite rutuliukus, po vieną dėkite į tortilijų presą. Paspauskite, kad suformuotumėte tortilijas.

4.Įkaitinkite ketinį ant vidutinės ugnies. Sudėkite tortilijas po vieną ir kepkite apie 30-40 sekundžių iš kiekvienos pusės.

5. Išvirkite ryžius pagal nurodymus pakuotėje, tada įmaišykite 2 šaukštus kalendros ir 80 ml salsos.

6. Keptuvėje/keptuvėje ant vidutinės-stiprios ugnies įkaitinkite 1 šaukštą aliejaus. Tada virkite bulves, retkarčiais apversdami, 3 minutes.

7 Dubenyje sumaišykite 1/4 šaukšto kajeno, 1/2 šaukšto druskos ir 1/2 šaukšto kmynų.

8.Atskiroje keptuvėje įkaitinkite likusį augalinį aliejų, suberkite grybus ir kepkite 3 minutes.

9.Suberkite likusį kajeną, druską ir kmynus.

10.Sudėkite svogūnus ir kepkite apie 3 minutes.

11.Sudėkite špinatus ir pupeles ir virkite 1 minutę.

12. Perkelkite į saldžiųjų bulvių dubenį, išspauskite pusę laimo ir išmaišykite.

13.Padėkite tortilijas ant lėkštės, tada uždenkite drėgnu rankšluosčiu.. Mikrobangų krosnelėje 1 minutę.

14. Į nedidelį dubenį įpilkite grietinės, likusios kalendros ir salsos ir išmaišykite.

15.Išimkite tortilijas ir padėkite ant padėklo. Į kiekvienos tortilijos vidurį įdėkite 3 šaukštus sūrio, 256 g bulvių mišinio, 256 g ryžių, avokado ir grietinės padažo.

16.Susukite tortilijas, kad tinkamai padengtų įdarą. Patiekite pusę žaliosios citrinos, supjaustydami mažesniais dydžiais / griežinėliais.

74. Plakta kiaušinienė su chorizo ir tortilijomis

Virimo laikas: 15 minučių

Porcijos: 4

INGRIDIENTAI:

260 g masa harina tortiljoms

250 ml karšto vandens

2 šaukštai vandens, kambario temperatūros

1,5 kg susmulkintų kukurūzų tortilijos traškučių

12 kiaušinių, lengvai paplaktų

225 g šviežios dešros

2 šaukštai alyvuogių aliejaus

1 vidutinio dydžio svogūnas, supjaustytas

KRYPTYS:

1. Dubenyje sumaišykite masa harina ir karštą vandenį. Uždenkite ir palikite pailsėti apie 30 minučių.

2.Minkyti tešlą, pilant kambario temperatūros vandenį. Minkykite, kol gausite vientisą tešlą.

3. Abi tortilijų preso puses išklokite pergamentiniu popieriumi arba Ziploc maišeliais. Iš tešlos suformuokite rutuliukus, po

vieną dėkite į tortilijų presą. Paspauskite, kad suformuotumėte tortilijas.

4.Įkaitinkite ketinį ant vidutinės ugnies. Po vieną sudėkite tortilijas ir kepkite apie 15-20 sekundžių iš kiekvienos pusės.

5. Sumaišykite kiaušinius ir tortilijos traškučius.

6.Keptuvėje ant vidutinės ugnies įkaitinkite aliejų. Suberkite svogūną ir maišykite, kol suminkštės. Sudėkite dešrą ir virkite 3 minutes.

7. Supilkite tortilijų mišinį ir virkite ant vidutinės-stiprios ugnies 3 minutes, dažnai maišydami. Tada patiekite.

75. Tofu-Tahini daržovių įvyniojimai

Padaro 4 įvyniojimus

INGRIDIENTAI:

8 uncijos ypač tvirto tofu, nusausinto ir išdžiovinto

3 žalieji svogūnai, susmulkinti

2 saliero šonkauliukai, susmulkinti

1/2 puodelio maltų šviežių petražolių

2 šaukštai kaparėlių

2 šaukštai šviežių citrinų sulčių

1 valgomasis šaukštas Dižono garstyčių

1/2 arbatinio šaukštelio druskos

1/8 arbatinio šaukštelio malto kajeno

4 (10 colių) miltų tortilijos arba lavašas

1 vidutinė morka, susmulkinta

4 salotos lapai

KRYPTYS

a) Virtuvės kombainu sumaišykite tofu, tahini, žaliuosius svogūnus, salierus, petražoles, kaparėlius, citrinų sultis, garstyčias, druską ir kajeną ir trinkite, kol gerai susimaišys.

b) Norėdami surinkti įvyniojimus, padėkite 1 tortiliją ant darbinio paviršiaus ir paskleiskite maždaug 1/2 puodelio tofu mišinio ant tortilijos. Pabarstykite susmulkintą morką ir ant viršaus uždėkite salotos lapą. Tvirtai susukite ir perpjaukite per pusę įstrižai. Pakartokite su likusiais ingredientais ir patiekite.

76. Dekonstruotas Hummus Pitas

Padaro 4 pitas

INGRIDIENTAI:

1 česnako skiltelė, susmulkinta

¾ puodelio tahini (sezamo pastos)

2 šaukštai šviežių citrinų sulčių

1 arbatinis šaukštelis druskos

1/8 arbatinio šaukštelio malto kajeno

1/4 stiklinės vandens

11/2 puodelių virtų arba 1 (15,5 uncijos) skardinė avinžirnių, nuplautų ir nusausintų

2 vidutinės morkos, tarkuotos (apie 1 puodelis)

4 (7 colių) pita duonos, geriausia viso grūdo, perpjautos per pusę

2 puodeliai šviežių kūdikių špinatų

KRYPTYS

a) Blenderiu arba virtuviniu kombainu susmulkinkite česnaką. Įpilkite tahini, citrinos sulčių, druskos, kajeno ir vandens. Apdorokite iki vientisos masės.

b) Avinžirnius sudėkite į dubenį ir šiek tiek sutrinkite šakute. Sudėkite morkas ir rezervuotą tahini padažą ir sumaišykite. Atidėti.

c) Į kiekvieną pitos pusę įdėkite 2 arba 3 šaukštus avinžirnių mišinio. Į kiekvieną kišenę įdėkite pomidoro griežinėlį ir keletą špinatų lapelių ir patiekite.

77. Veganiški Viduržemio jūros įvyniojimai

INGRIDIENTAI

1 vidutinio dydžio agurkas

$\frac{1}{2}$ arbatinio šaukštelio (ir pora žiupsnelių) druskos

1 vidutinio dydžio pomidoras, supjaustytas kubeliais

$\frac{1}{4}$ kubeliais supjaustyto raudonojo svogūno

$\frac{1}{4}$ žaliosios paprikos kubeliais

4 šaukštai kapotų Kalamata alyvuogių

1 indelis (540 gramų / 19 uncijų) avinžirnių

200 gramų (7 uncijos) veganiško jogurto

2 šaukštai smulkintų šviežių krapų

1 česnako skiltelė susmulkinta

1 valgomasis šaukštas citrinos sulčių

2 puodeliai (112 gramų) kapotų salotų

4 didelės tortilijos

KRYPTYS

a) Sumaišykite kubeliais pjaustytą agurką, pomidorą, raudonąjį svogūną, žaliąją papriką ir juodąsias alyvuoges. Avinžirnius nusausinkite, nuplaukite ir sudėkite į dubenį. Sutrinkite juos rankomis arba šakute.

b) Dubenyje sumaišykite tarkuotą agurką, veganišką jogurtą, krapus, česnaką, citrinos sultis ir žiupsnelį druskos bei pipirų. Įpilkite 3 šaukštus tzatziki kartu su ½ arbatinio šaukštelio druskos ir pipirų. Gerai ismaisyti.

c) Padarykite įvyniojimus su sauja salotų, sutrintų avinžirnių, sumaišytų kubeliais pjaustytų daržovių ir kelių tzatziki gabalėlių.

78. Veganas Shawarma

INGRIDIENTAI

1/3 puodelio (55 g) konservuotų avinžirnių

2 valgomieji šaukštai maistinių mielių

Prieskoniai

1 valgomasis šaukštas sojų padažo

1/4 puodelio (65 g) pomidorų pastos

1/3 puodelio (80 ml) daržovių sultinio

1 arbatinis šaukštelis Dižono garstyčių

1/8 arbatinio šaukštelio skystų dūmų

1 puodelis (150 g) gyvybiškai svarbaus kviečių glitimo

Marinatas

6 Įvyniojimai

Susmulkintos salotos

KRYPTYS

a) Į virtuvinį kombainą sudėkite avinžirnius, maistines mieles, prieskonius, sojos padažą, pomidorų pastą, papriką, daržovių sultinį, Dižono garstyčias ir skystus dūmus ir viską gerai išmaišykite.

b) Pridėkite gyvybiškai svarbaus kviečių glitimo. Išlyginkite jį ant darbinio paviršiaus ir išlyginkite į didelio kepsnio formą. Garai

c) Sumaišykite marinatą ir užpilkite ant seitano juostelių. Apkepkite seitaną marinate,

d) Ant pita duonos arba įvyniojimo užtepkite aštraus humuso. Sudėkite susmulkintas salotas ir griežinėliais pjaustytą agurką bei pomidorą, uždėkite kelias seitano juosteles ir užbaikite gabalėliu veganiško tzatziki.

79. Traškūs veganiški suktinukai

Išeiga: 24 porcijos

INGRIDIENTAI

5 morkos, virtos

Druska

1 saliero stiebas; smulkiai sukapoti ir išvirti

Žemės riešutų arba augalinis aliejus

Sezamų aliejus

3 didelių svogūnų; smulkiai sukapoti

2 Žalieji svogūnai; supjaustyti plonai

3 raudonos paprikos; smulkiai sukapoti

20 šitake grybų; smulkiai sukapoti

1 krūva kalendros lapelių; susmulkinti

1 pakuotė Spring roll vyniotiniai; (11 oz.)

1 valgomasis šaukštas kukurūzų krakmolo

KRYPTYS

a) Į didelę įkaitintą keptuvę įpilkite 2 arbatinius šaukštelius žemės riešutų aliejaus ir 2 arbatinius šaukštelius sezamo aliejaus. suberkite pjaustytus svogūnus, griežinėliais pjaustytus žalius svogūnus ir paprikas. Suberkite grybus ir kepkite 2-3 minutes.

b) Sudėkite morkas, salierą ir kalendrą ir išmaišykite. Pagal skonį pagardinkite druska ir pipirais

c) Padėkite 1 pakuotę. Viršutinį kampą aptepkite plaktu kiaušiniu. Išdėliokite ⅓ puodelio užpildymo mišinį 2 colių atstumu nuo apatinio kampo. Apvyniokite kampą ant mišinio ir patraukite atgal, kad priveržtumėte.

d) Sulenkite per dvi puses ir susukite iki pakuotės galo. Kepti

80. Kariuotas Tofu Pitas

Padaro 4 sumuštinius

INGRIDIENTAI

- 1 svaras ypač tvirto tofu, nusausintas ir išdžiovintas
- 1/2 stiklinės veganiško majonezo, naminio
- 1/4 puodelio kapotų mangų čatnio
- 2 arbatiniai šaukšteliai Dižono garstyčių
- 1 valgomasis šaukštas karšto arba švelnaus kario miltelių
- 1 arbatinis šaukštelis druskos
- 1/8 arbatinio šaukštelio malto kajeno
- 1 puodelis susmulkintų morkų
- 2 saliero šonkauliukai, susmulkinti
- 1/4 puodelio malto raudonojo svogūno
- 8 maži Bostono ar kitų minkštų salotų lapeliai
- 4 (7 colių) nesmulkintų kviečių pitos, perpjautos per pusę

KRYPTYS

a) Sutrupinkite tofu ir sudėkite į didelį dubenį. Įpilkite majonezo, čatnio, garstyčių, kario miltelių, druskos ir kajeno ir gerai išmaišykite, kol gerai susimaišys.

b) Sudėkite morkas, salierą ir svogūną ir išmaišykite, kad susimaišytų. Šaldykite 30 minučių, kad skoniai susimaišytų.

c) Į kiekvieną pitos kišenę įkiškite po salotos lapelį, ant salotų uždėkite šaukštą tofu mišinio ir patiekite.

81. Hummus Veggie Wrap

Porcijos 1 įvyniojimas

INGRIDIENTAI

1 skonio įvyniojimas arba tortilija

1/3 puodelio humuso

2 griežinėliai agurko, supjaustyti išilgai

Sauja šviežių špinatų lapų

Pjaustytas pomidoras

1/4 avokado, supjaustyto

Švieži liucernos arba brokolių daigai

Švieži mikrožalumynai

Baziliko lapeliai, jei pageidaujama

KRYPTYS

a) Paskleiskite humusą ant apatinės 1/3 apvyniojimo dalies, maždaug 1/2 colio nuo apatinio krašto, bet išskleiskite šoninius kraštus.

b) Sluoksniuokite agurką, špinatų lapus, pomidorų griežinėlius, avokado skilteles, snapelius, mikrožalumynus ir baziliką.

c) Tvirtai sulenkite vyniotinį, kaip darytumėte burrito, sudėkite visas daržoves su pirmuoju vyniotiniu, tada tvirtai susukite iki galo. Perpjaukite per pusę ir mėgaukitės.

82. Vaivorykštės daržovių įvyniojimai

Porcijos: 4

INGRIDIENTAI

4 (8 colių) daugiagrūdžių tortilijų arba įvyniojimų

1 puodelis paruošto alyvuogių humuso

2 uncijos plonai pjaustyto Čedaro sūrio

1 ⅓ puodelio kūdikių špinatų

1 puodelis supjaustytos raudonosios paprikos

1 puodelis brokolių daigų

1 puodelis smulkiai susmulkintų raudonųjų kopūstų

1 puodelis susmulkintų morkų

Žalias deivės padažas serviravimui

KRYPTYS

a) Kiekvieną tortiliją ištepkite 1/4 puodelio humuso. Ant kiekvieno uždėkite ketvirtadalį čederio, špinatų, paprikos, daigų, kopūstų ir morkų. Susukite kiekvieną vyniotinį.

b) Supjaustykite įvyniojimus į 1 colio apskritimus. Patiekite su padažu panardinimui, jei norite.

ĮDAAI IR PADAŽAI

83. Romo obuolių įdaras

Padaro 2 puodelius (480 g)

INGRIDIENTAI

4 puodeliai (600 g) stambiai pjaustytų obuolių, nuluptų ir be šerdies

3 šaukštai (45 ml) vandens

2 šaukštai (28 g) sviesto

1 arbatinis šaukštelis cinamono

1/3 stiklinės (67 g) cukraus

1/3 stiklinės (50 g) tamsių razinų

1 valgomasis šaukštas (8 g) ir 1 arbatinis šaukštelis kukurūzų krakmolo

2 šaukštai (28 ml) romo arba apelsinų sulčių

1 Vidutiniame puode ant vidutinės ugnies sumaišykite obuolius, vandenį, sviestą, cinamoną ir cukrų.

2 Išmaišykite ir virkite, kad cukrus ištirptų. Kai cukrus ištirps ir mišinys pradės burbuliuoti, sumažinkite ugnį. Įmaišykite razinas.

3 Uždenkite ir troškinkite retkarčiais pamaišydami 5 minutes arba tol, kol obuoliai suminkštės.

4 Nedideliame inde sumaišykite kukurūzų krakmolą ir romą arba apelsinų sultis. Įmaišykite į obuolius ir virkite apie 1 minutę arba

tol, kol obuoliai pradės burbuliuoti ir sutirštės. Atidėkite nuo ugnies ir visiškai atvėsinkite prieš naudodami miltų tortiliją „Empanadas". Viršuje su Crème Anglaise.

84. Moliūgų įdaras

Padaro 2 puodelius (480 g)

INGRIDIENTAI

1 skardinė (15 uncijų arba 425 g) kieto moliūgo pakuotės (ne moliūgų pyrago įdaro)

2 šaukštai (30 g) rudojo cukraus

1 arbatinis šaukštelis malto cinamono

1 Vidutiniame dubenyje, naudodami elektrinį maišytuvą, sumaišykite moliūgą, rudąjį cukrų ir cinamoną, kol rudasis cukrus ištirps ir ingredientai gerai susimaišys.

2 Naudokite Empanadas užpildyti. Ant viršaus uždėkite Cajeta arba Dulce de Leche.

SALGIŲJŲ BULTŲ ĮDALIS

Padaro 2 puodelius (480 g)

2 puodeliai (656 g) saldžiųjų bulvių košės, šviežiai keptos arba konservuotos

1 valgomasis šaukštas (15 g) rudojo cukraus

1 arbatinis šaukštelis malto cinamono

1 Vidutiniame dubenyje, naudodami elektrinį maišytuvą, sumaišykite saldžiąsias bulves, rudąjį cukrų ir cinamoną, kol rudasis cukrus ištirps ir ingredientai gerai susimaišys.

2 Naudokite Empanadas užpildyti. Pabarstykite ananasų padažu.

85. Saldi maskarponė

Pakanka 1 puodelio (225 g)

INGRIDIENTAI

8 uncijos (225 g) maskarponės arba kreminio sūrio

1/2 stiklinės (100 g) cukraus

1 arba 2 šaukštai (15-30 g) graikiško jogurto

1 Vidutiniame dubenyje sumaišykite maskarponės arba kreminį sūrį ir cukrų.

2 Elektriniu plaktuvu sumaišykite sūrį ir cukrų. Grietinėlės sūriui ploninti pagal poreikį įpilkite graikiško jogurto, kad pasiektumėte norimą tekstūrą.

3 Plakite iki purumo. Šaldykite, kol paruošite patiekti.

86. Crème anglaise

Padaro 2 puodelius (480 g)

INGRIDIENTAI

3/4 puodelio (175 ml) nenugriebto pieno

3/4 puodelio (175 ml) riebios grietinėlės

4 kiaušinių tryniai

4 šaukštai (52 g) cukraus

2 arbatiniai šaukšteliai gryno vanilės ekstrakto

1 Vidutiniame puode ant silpnos ugnies sumaišykite pieną ir grietinėlę. Kaitinkite 5 minutes arba tol, kol skystis užvirs ir burbuliukai tiesiog sulaužys paviršių. Nukelkite nuo ugnies.

2 Vidutiniame dubenyje plakite kiaušinių trynius ir cukrų 2 minutes arba kol cukrus ištirps ir mišinys taps šviesiai geltonas.

3 Karštą pieno mišinį pamažu supilkite į trynius, nuolat maišydami. Mišinį grąžinkite į puodą ant silpnos ugnies.

4 Virkite ir maišykite 5 minutes arba tol, kol kremas sutirštės ir padengs šaukšto nugarą. Nevirti.

5 Nukelkite nuo ugnies. Įmaišykite vanilę. Leiskite šiek tiek atvėsti.

6 Supilkite skystį per smulkų sietelį į indą su sandariu dangteliu. Uždenkite ir atvėsinkite. Patiekite atšaldytą.

87. Meksikietiškas karamelės padažas

Padaro 1 1/2 puodelio (360 g)

INGRIDIENTAI

4 puodeliai (946 ml) nenugriebto ožkos arba karvės pieno

11/4 stiklinės (250 g) cukraus

1/2 arbatinio šaukštelio kepimo sodos

1 arbatinis šaukštelis gryno vanilės ekstrakto (jei yra, sertifikuota meksikietiška vanilė)

1 Vidutinio dydžio puode ant vidutinės ugnies sumaišykite pieną, cukrų ir soda.

2 Virkite, retkarčiais pamaišydami karščiui atsparia mentele arba mediniu šaukštu, kol cukrus ištirps ir pienas taps putotas ir šviesus, maždaug 15 minučių.

3 Tęskite gaminimą ant silpnos ugnies, dažnai maišydami ir nubraukdami puodo šonus. Virkite nuo 45 minučių iki 1 valandos arba tol, kol mišinys sutirštės ir taps auksinės spalvos.

4 Nuolat maišydami toliau virkite, kol mišinys sutirštės. Jis turi būti pakankamai lipnus, kad mentele nubraukus puodo dugną, 1 sekundę liktų atviras „takelis". Nukelkite nuo ugnies. Įmaišykite vanilę.

5 Supilkite į karščiui atsparų plataus burnos stiklainį. Jis gali būti laikomas šaldytuve iki 3 mėnesių. Švelniai pašildykite, įdėdami stiklainį į puodą su karštu, o ne verdančiu vandeniu.

88. Ananasų padažas

Padaro 2 puodelius (280 g)

INGRIDIENTAI

2 puodeliai (330 g) stambiai pjaustytų šviežių ananasų arba 1 skardinė (20 uncijų arba 560 g) susmulkintų ananasų

3 šaukštai (42 g) sviesto

2 šaukštai (26 g) turbinado arba granuliuoto cukraus

1/2 arbatinio šaukštelio gryno vanilės ekstrakto

Žiupsnelis druskos

1 Vidutiniame puode ant vidutinės ugnies sumaišykite ananasus, sviestą ir cukrų.

2 Išmaišykite ir virkite, kad cukrus ištirptų. Kai cukrus ištirps ir mišinys pradės burbuliuoti, sumažinkite ugnį. Troškinkite, retkarčiais pamaišydami, 5 minutes arba tol, kol padažas sutirštės ir taps sirupu.

3 Įmaišykite vanilę ir druską.

4 Patiekite šiltą arba kambario temperatūros.

89. Vaisių piko

Padaro 4 puodelius (560 g)

INGRIDIENTAI

1 pintos (340 g) braškių, lukštentų ir stambiai pjaustytų, pagaminti 2 puodelius

1 persikas arba mangas, nuluptas ir supjaustytas 1 puodeliui (175 g)

1 Granny Smith obuolys, nenuluptas ir susmulkintas 1 puodeliui (125 g) pagaminti

1 arbatinis šaukštelis citrinos sulčių

1 Vidutiniame dubenyje sumaišykite pjaustytas braškes, persiką arba mangą ir obuolį.

2 Išmeskite, kad sujungtumėte. Įmaišykite citrinos sultis. Atvėsinkite, kol paruošite patiekti.

90. Saulėje džiovinti pomidorai Užtepti

INGRIDIENTAI

Du valgomieji šaukštai iš anksto virtų didelių baltųjų pupelių

1/2 stiklinės graikinių riešutų

Dešimt griežinėlių saulėje džiovintų pomidorų

Vienas valgomasis šaukštas alyvuogių aliejaus ar kito pasirinkto aliejaus

Du valgomieji šaukštai moliūgų sėklų

Viena česnako skiltelė

Šviežias bazilikas, žolelių druska ir pipirai ar kiti jūsų pasirinkti prieskoniai

KRYPTYS

Sumaišykite ingredientus trintuve ir plakite iki vientisos ir kreminės masės.

91. Hummus svajonės

INGRIDIENTAI

1 puodelis iš anksto virtų avinžirnių

1/2 stiklinės graikinių riešutų

1 arbatinis šaukštelis tahini (sezamo pasta)

1 arbatinis šaukštelis kmynų

1 arbatinis šaukštelis baltojo vyno acto

Druskos ir pipirų

Šviežius šparagus naudoti kaip užpilą

KRYPTYS

Sumaišykite ingredientus trintuve ir plakite iki vientisos ir kreminės masės.

92. Avokadų meilė

INGRIDIENTAI

Vienas avokadas

Du šaukštai šviežiai spaustų citrinų sulčių

Druskos ir pipirų

Žiupsnelis juodos druskos kiaušinio skoniui (nebūtina)

KRYPTYS

Sumaišykite ingredientus trintuve ir plakite iki vientisos ir kreminės masės.

93. Pimiento užtepėlė sumuštinių įdarui

Išeiga: 2 porcijos

Ingredientas

$\frac{1}{2}$ puodelio Tofu

2 šaukštai Aliejus

2 šaukštai obuolių sidro acto

1 valgomasis šaukštas cukraus

1$\frac{1}{2}$ šaukštelio druskos

$\frac{1}{8}$ arbatinio šaukštelio juodųjų pipirų

žiupsnelis česnako miltelių

1 svaras Tvirto tofu; subyrėjo

3 šaukštai Saldžių marinuotų agurkų pagardo

$\frac{1}{2}$ puodelio Pimientos; nusausinti ir susmulkinti

KRYPTYS

a) Sumaišykite pirmuosius 7 ingredientus maišytuve ir plakite iki vientisos ir kreminės masės.

b) Sumaišykite dubenyje su likusiais ingredientais. Geriausia per naktį atšaldyti šaldytuve.

94. Tofu sumuštinių užtepėlė

Išeiga: 4 porcijos

INGREDIENTAS

10 uncijų Tvirtas tofu

½ žaliosios paprikos; kubeliais

1 saliero stiebas; kubeliais

1 Morkos; tarkuotų

4 maži žali svogūnai; supjaustyti

1 valgomasis šaukštas petražolių

1 valgomasis šaukštas kaparėlių

2 šaukštai majonezo pakaitalo tofu pagrindu

1 valgomasis šaukštas Paruoštos garstyčios

½ arbatinio šaukštelio šviežių citrinų sulčių

¼ arbatinio šaukštelio pipirų

¼ arbatinio šaukštelio čiobrelių

KRYPTYS

a) Sumaišykite visus ingredientus ir patiekite ant mėgstamos duonos su daigais, pomidorais ir agurkais.

95. Daržovių sumuštinių užtepėlė

Išeiga: 1 porcija

INGREDIENTAS

1 pakuotė Tvirtas tofu

$\frac{1}{2}$ puodelio sojų majonezo

1 žalias svogūnas, supjaustytas kubeliais

1 žalia paprika, supjaustyta kubeliais

1 saliero stiebas, susmulkintas

$\frac{1}{4}$ puodelio saulėgrąžų arba sezamo sėklų

1 valgomasis šaukštas sojos padažo

1 arbatinis šaukštelis kario miltelių

1 arbatinis šaukštelis ciberžolė

1 arbatinis šaukštelis česnako miltelių

KRYPTYS

a) Tofu sutrupinkite šakute. Sudėkite likusius ingredientus ir gerai išmaišykite.

b) Patiekite ant krekerių ar duonos.

96. Indijos lęšių plitimas

Išeiga: 2 porcijos

INGREDIENTAS

1 puodelis virtų lęšių

4 skiltelės česnako; prispaustas

2 arbatiniai šaukšteliai Maltos kalendros

1 arbatinis šaukštelis Maltų kmynų

½ arbatinio šaukštelio maltos ciberžolės

½ arbatinio šaukštelio čili miltelių

½ arbatinio šaukštelio malto imbiero

KRYPTYS

a) Sumaišykite visus ingredientus nedideliame puode. Virkite ant silpnos ugnies, retkarčiais pamaišydami, 5 minutes, kad skoniai susimaišytų.

b) Atvėsinkite 1 valandą.

97. Avinžirnių sumuštinių užtepėlė

Išeiga: 4 porcijos

INGREDIENTAS

1 stiklinės avinžirnių; virti

Česnako milteliai pagal skonį

3 šaukštai itališko salotų padažo

Druska ir pipirai pagal skonį

KRYPTYS

a) Avinžirnius sutrinkite šakute ir suberkite prieskonius.

b) Patiekite ant skrudintos viso grūdo duonos su salotomis ir pomidorų griežinėliais.

98. Curry pupelių užtepėlė

Išeiga: 8 porcijos

INGREDIENTAS

¾ puodelio vandens

1 svogūnas; smulkiai supjaustyta

1 puodelis kubeliais pjaustytų salierų

1 žalioji paprika; kubeliais

½ puodelio kubeliais pjaustytų morkų

2 Cl česnako; malta

2½ arbatinio šaukštelio kario miltelių

½ arbatinio šaukštelio maltų kmynų

1 valgomasis šaukštas sojos padažo

3 puodeliai virtų baltųjų pupelių

KRYPTYS

a) Supilkite vandenį į puodą ir sudėkite visas daržoves bei česnaką.

b) Virkite, retkarčiais pamaišydami, 15 minučių. Įmaišykite kario miltelius, kmynus ir sojos padažą ir gerai išmaišykite.

c) Nukelkite nuo ugnies. Sudėkite pupeles; gerai ismaisyti. Sudėkite mišinį į virtuvinį kombainą arba blenderį ir trumpai trinkite, kol susmulkinsite, bet nesuminkštės. Atvėsinkite.

99. Salotų sumuštinių užtepas

Išeiga: 4

INGRIDIENTAI

4 saulėje džiovintų pomidorų puselės

1 - [15,5 uncijos. skardinė] avinžirniai, nusausinti ir nuplauti

1 arbatinis šaukštelis geltonųjų garstyčių

1 ½ šaukštelio karšto padažo

½ arbatinio šaukštelio skystų dūmų

1 arbatinis šaukštelis tahini

½ arbatinio šaukštelio gryno klevų sirupo

1 ½ arbatinio šaukštelio sumažinto natrio tamari

½ arbatinio šaukštelio česnako miltelių

¼ arbatinio šaukštelio svogūnų miltelių

¾ arbatinio šaukštelio rūkytos paprikos

½ arbatinio šaukštelio jūros druskos

nuo ¼ iki ½ puodelio marinuotų agurkų prieskonių

TAIKYMO IDĖJOS:

Susmulkintos salotos

Supjaustyti pomidorai

Skrudinta duona (arba įvyniojimas)

Marinuoti agurkai arba marinuoti agurkai

KRYPTYS

a) Saulėje džiovintas pomidorų puseles sudėkite į nedidelį dubenį, užpilkite verdančiu vandeniu ir leiskite pastovėti 5 minutes, kad suminkštėtų. Po 5 minučių išimkite suminkštėjusias saulėje džiovintų pomidorų puseles (išmeskite vandenį), smulkiai supjaustykite ir sudėkite į virtuvinį kombainą.

b) Visus likusius ingredientus sudėkite į virtuvinį kombainą. Pulsuokite keletą kartų, kol visi ingredientai tolygiai pasiskirstys.

c) Nebūtina: įmaišykite nusausintą marinuotų agurkų pagardą arba susmulkintus marinuotus agurkus.

d) Išbandykite skonį ir atitinkamai sureguliuokite ingredientus pagal asmeninius pageidavimus.

e) Patiekite ant skrudintos duonos arba suvyniotą su pjaustytomis salotomis su pjaustytais pomidorais.

100. Tofuna sumuštinių užtepėlė

INGRIDIENTAI

8 uncijų pakuotė kepto tofu

1/2 puodelio veganiško majonezo arba pagal pageidavimą

1 didelis saliero stiebas, smulkiai supjaustytas

1 svogūnas (tik žalioji dalis), plonais griežinėliais

2 šaukštai maistinių mielių

KRYPTYS

a) Rankomis smulkiai sutrupinkite tofu į maišymo dubenį. Arba galite sulaužyti tofu į keletą gabalėlių, sudėti į virtuvinį kombainą, įjungti ir išjungti, kol smulkiai ir tolygiai susmulkinsite, tada sudėkite į maišymo dubenį.

b) Įpilkite majonezo ir salierų. Kruopščiai išmaišykite. Įmaišykite vieną arba abu pasirenkamus ingredientus. Perkelkite į mažesnį serviravimo indą arba patiekite tiesiai iš maišymo dubens.

IŠVADA

Tortilijas suvynioti, sukrauti, suvynioti ir sulankstyti. Jie gali būti traškūs arba minkšti, paprasti arba aromatizuoti. Jie natūraliai dera su beveik bet kokio skonio profiliu, baltymais ir daržovėmis beveik visomis formomis. Nėra jokių apribojimų, kaip juos galima vartoti.

Vis dėlto reikėjo kažkur pradėti ir sustoti. Dauguma šios knygos receptų yra pietvakarių JAV, Amerikos tortilijų juostos, mėgstami patiekalai. Teksaso, Naujosios Meksikos, Arizonos ir Kalifornijos valstijos sieja šios kulinarinės juostos konchos.

Nagi! Atėjo laikas naujai pažvelgti į tortiljas.

CPSIA information can be obtained
at www.ICGtesting.com
Printed in the USA
LVHW080157140123
737131LV00006B/480

9 781805 426424